Ruth Monstein

BINJA

Achtsamkeit

Unterrichtsreihe für die 1. bis 6. Klasse
zum Bilderbuch Binja

edition punktuell

**«Je stiller du wirst,
umso mehr kannst du hören.»**
Ram Dass

Ruth Monstein, 1960, ist Achtsamkeitstrainerin, Primarlehrerin, Coach, Traumapädagogin, Mutter und Autorin des Bilderbuchs «Binja – achtsame Reise durch die Welt der Gefühle».
www.binja.ch, www.ruthmonstein.ch

Text: Ruth Monstein
Illustrationen: Joël Roth
Gesetzt in Gotham Narrow, LL Brown Regular, Binja Versal
Herstellung: Verlagshaus Schwellbrunn
ISBN: 978-3-905724-69-1

MIX
Papier aus verantwortungsvollen Quellen
FSC® C014138
FSC www.fsc.org

www.editionpunktuell.ch

Inhaltsverzeichnis

Vorwort

Binja – Ich bin ja da!

Wer wünscht sich nicht, in seinem Leben anwesend zu sein. Nur so bietet sich die Möglichkeit einer aktiven Mitgestaltung an einem bewussten und eigenen Leben. Die Gehirnforschung hat entdeckt und bestätigt, was alte Kulturen schon vor Tausenden von Jahren gewusst und gepflegt haben: Das Einüben und Pflegen einer täglichen Achtsamkeitspraxis bringt uns mit uns selbst in Verbindung.
Indem wir eine tägliche Achtsamkeitspraxis einüben, sind wir nicht mehr dem «Autopiloten» ausgeliefert, also unbewussten Handlungsmustern, sondern haben die Möglichkeit, bewusst aus der Kraft der Stille unser Leben zu gestalten. Im Raum der Stille finden wir Lösungen für herausfordernde Situationen und erhalten Impulse für ein friedvolles Zusammenleben.
Wir stehen an einer wichtigen Wegkreuzung. Die heranwachsende Generation ist aufgefordert, neue Lebenswege, neue Lebensqualitäten und einen verantwortungsvollen Umgang mit sich und den Ressourcen zu entdecken. Wenn Kinder früh lernen, mit ihren inneren Ressourcen verbunden zu sein, müssen sie nicht mehr aus Angst oder einem Defizit heraus handeln, sondern im Bewusstsein von Freude, Wissen, innerer Stärke und mit einem gesunden Selbstvertrauen.

Die Binja-Materialien möchten dazu einen Beitrag leisten.

Viel Freude mit den Materialien!

Ruth Monstein, St. Gallen im Januar 2020

Einführung

Achtsamkeit – wozu?

Trag Sorge zu mir.
Trag Sorge zu dir.
Trag Sorge zur Umwelt.

Diese drei einfachen und sinnvollen Regeln werden oft im Schulalltag verwendet. Das Binja-Achtsamkeitstraining bewirkt, dass die Kinder ein Gefühl dafür entwickeln können, was sie für eine gesunde Lebensgestaltung benötigen und was sie selber dazu beitragen können, dass es ihnen gut geht.

«Trag Sorge zu mir»: Die Schülerinnen und Schüler brauchen eine gesunde Ernährung, genügend Schlaf und eine fürsorgliche Unterstützung durch die Begleitpersonen. Zusätzlich entdecken sie nun, wie sie einen liebevollen Umgang mit sich selbst pflegen können. Die Erfahrung und das Wissen darum, was sie brauchen, damit es ihnen emotional gut geht, legen die Basis für eine gesunde Selbstkompetenz. Dies fördert den inneren Frieden und bildet die Grundvoraussetzung für die Entwicklung einer starken Sozialkompetenz, dem «Trag Sorge zu dir und zur Umwelt».

Achtsamkeitsübungen, allen voran das Praktizieren des achtsamen Atems, unterstützen den Prozess, sich seiner Gedanken und Gefühle bewusst zu werden, diese zu steuern und immer wieder zurück in eine innere Ruhe zu finden. Erst in einer ruhigen inneren und äusseren Atmosphäre kann Lernen gelingen.

Die Schülerinnen und Schüler werden ermächtigt, Schritt für Schritt die Verantwortung für ihr Handeln zu übernehmen. Das benötigt Übung. Diese Unterrichtsreihe hilft, den «Achtsamkeitsmuskel» zu trainieren.

Stabilisierung und Selbstregulation

In meiner langjährigen Erfahrung als Lehrperson stelle ich fest, dass selbstbewusste Kinder, die Vertrauen in ihr Können haben, erfolgreicher sind im Wissenserwerb als diejenigen, die an ihren Fähigkeiten zweifeln oder in Konflikte verstrickt sind. Selbstregulation und Selbstvertrauen sind offensichtlich eine ebenso wichtige Voraussetzung für erfolgreiches Lernen wie kognitive Intelligenz und geeignete Lernstrategien.

Das Binja-Achtsamkeitstraining enthält Werkzeuge, welche die bewusste Wahrnehmung der eigenen Gedanken, Gefühle, Körperempfindungen und des persönlichen Verhaltens trainieren. Die Tools führen die Schülerinnen und Schüler zur inneren Stabilisierung und fördern einen gesunden Umgang mit Stress.

Das Binja-Achtsamkeitstraining vermittelt den Kindern, wie das Gehirn äussere Reize verarbeitet und welche Reaktionsmuster darauf erfolgen. Dieses Wissen hilft, Affekthandlungen, die oftmals aufgrund von traumatischen Erfahrungen ausgelöst werden, einordnen zu können. Die unkoordinierten Ausbrüche von Gefühlen verursachen oft Scham und Schuld. Zusammen mit Binja lernen die Kinder, Achtsamkeitswerkzeuge anzuwenden, um immer wieder zurück in die eigene Mitte zu finden. Mit dem Erlernen der achtsamen Wahrnehmung ihrer Körperempfindungen erhalten die Kinder ein «Frühwarnsystem», das ihnen ihre emotionale Befindlichkeit aufzeigt. Dies unterstützt sie, Affekthandlungen durch bewusste, neu erlernte Aktionsmuster zu ersetzen. Mit dem Erlernen des bewussten Atmens wird der Mechanismus

Reiz – Reaktion unterbrochen. Der neue Ablauf wird sein: Reiz – bewusster Atem – bewusste Reaktion.
Das vorliegende Achtsamkeitstraining soll Kinder und Erwachsene darin unterstützen, sich selbst besser kennenzulernen, einander in seinen Eigenarten zu respektieren und mehr Freude am Leben zu erlangen.

Bezug zum Lehrplan 21

Das Binja-Achtsamkeitstraining wurde kompetenzorientiert und fächerübergreifend aufgebaut und folgt den Bestrebungen des Lehrplans 21, die Schülerinnen und Schüler in ihren Kompetenzen zu stärken.

In den übergeordneten Kompetenzen im Fachbereich Natur, Mensch und Gesellschaft (NMG) geht es um die Auseinandersetzung mit der Welt. Dabei bildet das Kind in der Welt den Mittelpunkt, den es zuerst einmal in seiner Komplexität erfahren darf und muss, um sich darauf aufbauend die Welt zu erschliessen. In der Abbildung aus der Einführung des Bereichs NMG sind die Zusammenhänge dieser vier Aspekte ersichtlich. Sie werden nicht linear erworben, sondern beeinflussen sich gegenseitig.

Handlungsaspekte von Lernenden in der Begegnung und Auseinandersetzung mit der Welt

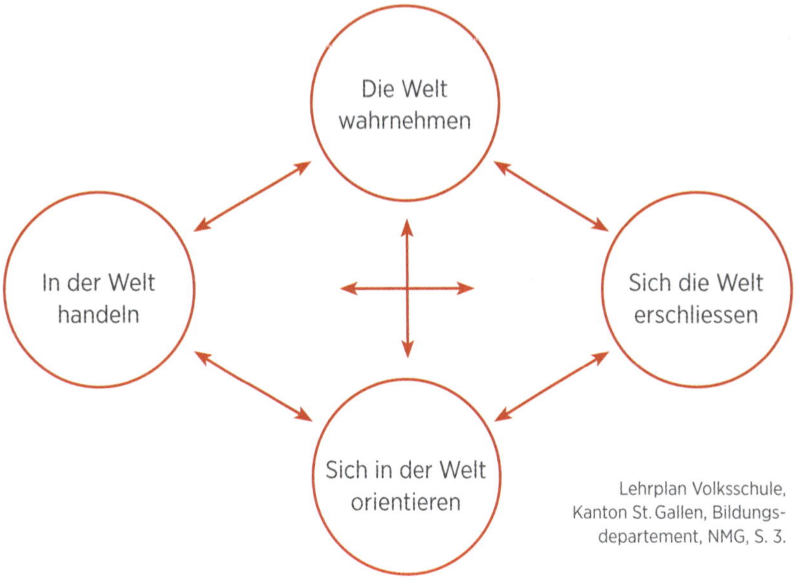

Lehrplan Volksschule, Kanton St. Gallen, Bildungsdepartement, NMG, S. 3.

Sich bewusst mit allen körperlichen, seelischen und geistigen Regungen als eigenständigen Kosmos wahrzunehmen und zu verstehen, ist die Voraussetzung, um sich in der äusseren Welt zu orientieren, sich diese zu erschliessen und in ihr handeln zu können. Dem Wahrnehmen persönlicher Empfindungen folgt die Fähigkeit, diese Erfahrungen in Sprache zu fassen. Eine regelmässig durchgeführte Achtsamkeitspraxis im Schulalltag fördert diese Prozesse.

Die zu erreichenden Kompetenzen des Binja-Achtsamkeitstrainings sind im Lehrplan 21 im Bereich Natur, Mensch und Gesellschaft verankert unter **NMG. 1 Identität, Körper, Gesundheit – sich kennen und sich Sorge tragen**, Kompetenz 1 «Die Schülerinnen und Schüler können sich und andere wahrnehmen und beschreiben» und Kompetenz 4 «Die Schülerinnen und Schüler können den Aufbau des eigenen Körpers beschreiben und Funktionen von ausgewählten Organen erklären». Unter **NMG. 10 Gemeinschaft und Gesellschaft – Zusammenleben gestalten** ist die Kompetenz: 1 «Die Schülerinnen und Schüler können auf andere eingehen und Gemeinschaft mitgestalten.» zu finden. Unter **NMG 11**, das ab der 3. Klasse im **Fach Ethik, Religion und Gesellschaft (ERG)** erteilt wird, heisst die Kompetenz in 1.1 «Die Schülerinnen und Schüler können menschliche Grunderfahrungen beschreiben und reflektieren» und in 2.2. « Die Schülerinnen und Schüler können Regeln, Situationen und Handlungen hinterfragen, ethisch beurteilen und Standpunkte begründet vertreten.»

Ganzheitliches Erleben

Das Binja-Achtsamkeitsprogramm spricht Kopf, Herz und Hand an. Das Bilderbuch «Binja – achtsame Reise durch die Welt der Gefühle» bietet eine Diskussionsgrundlage, um mit den Kindern in ein Gespräch über Gefühle zu kommen. Binjas Erfahrungen ermuntern, über eigene, ähnliche Situationen zu sprechen. Wissensinhalte über die Abläufe im Gehirn fördern das gedankliche Verstehen. Die Illustrationen von Joël Roth öffnen den Kindern den Zugang zu ihren inneren Welten und sprechen direkt ihre seelischen Empfindungen an. Die Lieder von Denise Lier lassen die Emotionen unmittelbar erfahren und bilden damit nochmals eine Möglichkeit, sich der Qualität ihrer Gefühle bewusst zu werden und sie auch körperlich mit Bewegungen auszudrücken. Die Achtsamkeitsübungen bringen die Kinder in Kontakt mit einer körperlichen Erfahrbarkeit von inneren Abläufen.

Aufbau der Unterrichtseinheit

Bereiche des Binja-Achtsamkeitstraining

Die grafische Darstellung zeigt auf, in welchen Bereichen das Binja-Achtsamkeitstraining wirksam ist.

- **Achtsames Atmen** – Finden der inneren Stille
- **Körperempfindungen** – die Zeichen des Körpers kennenlernen
- **Gefühle** – einen gesunden Umgang mit Gefühlen kennenlernen
- **Gedanken** – Wissen um die Macht der Gedanken
- **Ressourcen** – entdecken von Ressourcen und Strategien
- **Ich und Du: Handlungsebene** – Wissen um die Auswirkungen unserer Handlungen

Die Unterrichtseinheit umfasst acht Lerneinheiten. Der Zeitaufwand kann je nach Interesse und Zeit selbst gewählt werden. Die Lerneinheiten sind oben rechts mit den eben erklärten Piktogrammen markiert, damit erkennbar wird, welche Bereiche der Achtsamkeit in der entsprechenden Lerneinheit trainiert werden.

Die Aktivitäten der Lehrerpersonen und der Schülerinnen und Schüler werden mit folgenden Piktogrammen dargestellt:

 vorlesen oder Schülerinnen und Schüler (SuS) lesen

 Einführung ins Thema

 Klassengespräch

 Arbeitsauftrag erteilen

 Einzelarbeit

 Partnerarbeit

 Gruppenarbeit

 gestalten

 bewegen (tanzen, Pantomime)

 spielen

 Lieder von Denise Lier

 Achtsames Atmen

 innere Reise

Zyklus 1 und Zyklus 2

Zyklus 1 beschränkt sich auf die beiden ersten Grundstufenklassen. Für den Kindergarten ist das Bilderbuch «Binja – achtsame Reise durch die Welt der Gefühle» nicht geeignet, da es sich um eine Schulgeschichte handelt. Allerdings können didaktische und teilweise auch die methodischen Inhalte der Einführung in den Atem sowie das Erkennen der Körperempfindungen und das Sichtbarwerden der Gefühle in unseren Gesichtern auch auf dieser Stufe angewandt werden.

Grundsätzlich können die Unterrichtseinheiten für beide Zyklen verwendet werden.

Beim methodischen Vorgehen bin ich vom Zyklus 2 ausgegangen. Wenn ich für Zyklus 1 der Stufe angepasste, methodische Vorschläge habe, sind diese im Ablauf erwähnt. Die 5. Lerneinheit (Wut, Psychoedukation) und die 7. Lerneinheit (Macht der Gedanken) werden je in Zyklus 1 und Zyklus 2 getrennt aufgeführt, da im Zyklus 2 der didaktische Inhalt vertieft behandelt wird und auch die methodischen Werkezuge der Stufe angepasst werden.

Zeitbedarf

Alle acht Lerneinheiten können als eine Trainingseinheit von minimal acht bis zehn Lektionen durchgeführt werden. Je nachdem ob auch gestalterische Ideen oder eine Verbindung mit NMG umgesetzt werden, wird mehr Zeit benötigt.

Die Zeitressourcen sind am Anfang jeder Lerneinheit angegeben.

Mit der vorliegenden Unterrichtsreihe erhalten die Kinder eine gute Grundlage für das Thema Achtsamkeit. Für eine nachhaltige Wirkung ist es sinnvoll, wenn die Stilleübungen und das Wahrnehmen der Körperempfindungen auch nach Abschluss der Unterrichtsreihe weiter trainiert werden. Dafür genügen fünf bis zehn Minuten täglich.
Am Schluss der Lerneinheit finden sich weiterführende Ideen für einen fächerübergreifenden Unterricht. Es handelt sich um Impulse für den Werkunterricht, den Sprachunterricht, das Turnen, NMG oder Ethik.

Praktische Anleitungen

Die Lerneinheiten sind wie folgt aufgebaut:
- Oben links: Stufe und Bereiche des Achtsamkeitstraining
- Inhalt
- Ziele
- Zeitbedarf
- Unterrichtsplanung
- Materialien
- Vertiefungsmöglichkeiten

In der ausführlich beschriebenen Unterrichtsplanung verwende ich für den Begriff Schülerinnen und Schüler die Abkürzung SuS und für die Lehrperson LP.

Die Piktogramme zeigen die verschiedenen Tätigkeiten der Schülerinnen und Schüler und der Lehrpersonen auf, die in der Unterrichtsplanung vorgeschlagen werden.

Die Unterrichtsplanung enthält mehrere methodische und didaktische Vorschläge, wie man den Inhalt der Lerneinheit behandeln kann. Selbstverständlich muss man nicht alle Punkte durchführen. Dafür würde man deutlich mehr Zeit benötigen. Die Vorschläge sind als Wahlmöglichkeiten zu verstehen. Sie können individuell an die Bedürfnisse der Klassen angepasst werden.

Forschertagebuch

Achtsam unterwegs zu sein bedeutet, sich neugierig jedem neuen Moment zuzuwenden. Oft werden Erlebnisse nach bekannten Schemas eingeordnet und bewertet. Eine Achtsamkeitspraxis versucht, diese Muster zu erkennen, indem eine erforschende Haltung eingeübt wird. Die Schülerinnen und Schüler untersuchen, wie sie normalerweise auf eine Begebenheit reagieren und überprüfen, ob diese Reaktionen wirklich unterstützend für eine positive Lebensgestaltung sind. Durch das Forschertagebuch wird dieser wichtige Aspekt der Achtsamkeitspraxis bewusst benannt, erklärt (was macht ein Forscher?) und eingeübt. Mit dem Forschertagebuch kann ein Transfer in den Alltag gelingen, indem die Kinder angeleitet werden, auch zu Hause auf ihre Gefühle zu achten und ihre positiven wie auch herausfordernden Erlebnisse festzuhalten.

Das persönliche Verschriftlichen und Zeichnen der Einträge unterstützen die Nachhaltigkeit der Erfahrungen. Die Einträge sollen in ihrer Ausführlichkeit individuell den Fähigkeiten und der Freude der Kinder angepasst werden.

Achtsames Atmen

Der Einführung des achtsamen Atmens sind zwei Lerneinheiten gewidmet, da er ein zentrales Werkzeug im Binja-Training ist. Die Einführung unter dem Kapitel «Achtsamkeitsübungen – innere Reisen» führt wichtige Punkte einer sorgfältigen Einleitung in den achtsamen Atem auf, die es zu beachten gilt, damit es mit einer ganzen Klasse gelingt, in den Genuss der Stille zu gelangen.

Der Gedanken- respektive Gefühlsanker ist ein zentraler Übungspunkt. Wichtig ist, dass die Schülerinnen und Schüler erkennen, dass sie Gedanken haben und dass das völlig normal und in Ordnung ist. Der Körperanker unterstützt den Prozess, immer wieder zurück zum achtsamen Atem, in die Stille, zu finden.

Umgang mit heftigen Gedanken und Gefühlen

Ein zentrales Thema im Binja-Achtsamkeitstraining ist die Behandlung der Gefühlswelten. Bereits Schulkinder wissen, was Stress ist. Das vorliegende Achtsamkeitstraining zeigt Wege aus der Stressfalle. Das Wissen um die Ursachen, die Qualität und die Kraft der Gedanken und Gefühle ermöglicht, dass nicht diese unsere Handlungen bestimmen, sondern dass das bewusste «Ich» Impulse für ein konstruktives Handeln leitet. Die Kinder lernen, dass ihre Gedanken und inneren Einstellungen einen wesentlichen Einfluss auf ihre Gefühlswelten haben. Mit diesem Wissen können sie sich selbst für ihre eigenen Lebensziele motivieren.

Es gibt bereits einige Lehrmittel zu den Themen Gefühle und Konfliktbewältigung. Mithilfe des Binja-Trainings lernen die Kinder, dass Gefühle und Gedanken eine körperliche Abbildung haben. Dies ist neu und zentral für einen nachhaltigen Umgang mit Konflikten.

Acht Lektionen werden nicht genügen, um jedes einzelne Gefühlsland in seiner Tiefe explorieren zu können. Vielleicht ist ein bestimmtes Gefühl oft in der Klasse anzutreffen. Dann könnte man mit diesem beginnen. Oder die Kinder dürfen ein Land wählen, indem sie eine farbige Karte ziehen (siehe Binja-Geschichte). Mit Hilfe einer kleinen Werkstatt (siehe Ideen am Ende der 6. Lerneinheit) können die Schülerinnen und Schüler individuell die Gefühlsländer entdecken. Wichtig ist, dass sie immer wieder erkennen und erleben, dass der Atem ein hilfreiches Werkzeug ist, das sie zurück in ihre innere Mitte führt.

Körpersprache und Jin Shin Jyutsu

Der Körper spricht eine eigene Sprache. Es lohnt sich, auf den Köper zu hören und ihn zu beachten. Nicht nur, indem wir sportlich fit bleiben und uns gesund ernähren, sondern auch, indem wir erkennen, dass er uns Signale darüber sendet, ob unsere Handlungen mit unserem inneren Wohlbefinden übereinstimmen. Dies zu üben ist ein weiterer zentraler Punkt des Binja-Achtsamkeitstrainings. In den Kopiervorlagen befindet sich die Vorlage eines Körperumrisses, wie man sie vom Arzt kennt. Wenn die Schülerinnen und Schüler angeleitet werden, auf den Körperabbildungen jene Teile mit Farbe zu bezeichnen, die sie während der verschiedenen Gefühlszustände als Körperempfindung wahrnehmen, lernen sie zu erkennen, welche Auswirkungen die Gefühle auf den Körper und damit auf ihre Gesundheit haben. Zur Abwechslung können die Schülerinnen und Schüler auch die Körperteile berühren. In diesem Fall empfehle ich, die Kinder aufzufordern die Augen zu schliessen und erst dann den Körperteil zu berühren, den sie wahrnehmen. So wird kein Kind exponiert.

Mit Hilfe dieser einfachen Übungen lernen sie den Körper als Frühwarnsystem für aufwallende Emotionen kennen und haben die Möglichkeit, sich neue, ein gesundes Leben unterstützende Verhaltensweisen anzueignen.

Die Einführung in das japanische Heilwissen Jin Shin Jyutsu ist eine weitere Besonderheit des Binja-Achtsamkeitstrainings. Das Strömen der fünf Finger unterstützt das Balancieren des emotionalen und gedanklichen Gleichgewichts und hat zudem eine ausgleichende Wirkung auf den Körper und die inneren Organe. In Anhang 9 erfährt man in einer kurzen Zusammenfassung die Bedeutung dieses Heilwissens, den Nutzen und die einfache Handhabung für Kinder im Schulalltag.

Ressourcen

Im Binja-Bilderbuch zeigt sich sowohl in der Bildsprache – die Farbe der Gefühlswelt verschwindet, wenn sich Binja mit Hilfe des achtsamen Atems wieder mitten kann – wie auch im Text, dass jeder Mensch über innere Ressourcen verfügt oder dass sich in unmittelbarer Nähe Unterstützung finden lässt, damit man die Herausforderungen des Lebens meistern kann. Die verschiedenen Achtsamkeitsübungen und inneren Reisen sind ebenfalls Ressourcen, auf die die Schulkinder nach mehreren Durchführungen zurückgreifen können.

Dem Ausbau des Themas Achtsamkeit und achtsamer Umgang mit Gefühlen sind keine Grenzen gesetzt. Am Schluss jeder Lektion finden sich weiterführende Ideen für Vertiefungen.

Materialien

Anhang:	In den Anhängen finden sich vertiefte Erläuterungen zu den einzelnen inhaltlichen Themen sowie die Lösungsblätter.
Kopiervorlagen:	Nach den Lerneinheiten finden sich diverse Kopiervorlagen und Anleitungen für Gestaltungsideen.
Achtsamkeitsübungen:	Zu den verschiedenen Lerneinheiten gibt es verschiedene Achtsamkeitsübungen und innere Reisen.

Im Inhaltsverzeichnis sind die einzelnen Anhänge, Kopiervorlagen und Achtsamkeitsübungen namentlich aufgelistet.

Lieder:	Die Lieder von Denise Lier können über die Binja-Webseite erworben werden.
Traumkugel:	Die Traumkugel zur Darstellung des Gewirrs unserer Gedanken und Gefühle kann zusammen mit einer Achtsamkeitsanleitung ebenfalls über die Binja-Webseite erworben werden.

Weitere Materialien sind in Planung. Es lohnt sich, ab und zu die Webseite zu besuchen oder den Binja-Newsletter über info@binja.ch anzufordern.

Rolle der Lehrperson

«Ich glaube nicht, dass wir irgendetwas in der äusseren Welt in Ordnung bringen können, wenn wir es nicht zuvor in uns selbst geordnet haben.»
Etty Hillesum

Zum Schluss möchte ich noch etwas zur Rolle der begleitenden Lehrperson anmerken. Eine achtsame Haltung beginnt zuerst einmal bei sich selbst. Um die Kinder zu einem achtsamen Lebensstil anzuleiten, ist es wichtig, dass wir als Begleitpersonen uns selbst auf den Weg einer achtsamen Lebensgestaltung begeben. Dadurch werden wir authentisch.

Durch das regelmässige Innehalten im Alltag, das In-sich-Horchen, das Pflegen von Stillemomenten, das bewusste Wissen und Praktizieren von nährenden Tätigkeiten, durch das Wissen um die eigene Verantwortung von persönlichen Handlungen und so weiter werden wir zu Vorbildern, an denen sich die uns anvertrauten Kinder orientieren können. Das Selbsterforschen von Gewohnheiten und Denkmustern wie auch das Einüben von Mitgefühl sich selbst und anderen gegenüber, erfordert eine liebevolle Haltung, Aufmerksamkeit – und Geduld. Dies können Kinder nur in einem Umfeld lernen, in dem diese Haltung vorgelebt wird.

Die Bindungsforschung zeigt auf, dass eine achtsame, authentische und liebevolle Beziehung zu sich selbst den Kindern die Voraussetzung bietet, ihren inneren und auch äusseren Raum zu erforschen. Dadurch werden sie ermutigt, sich mit Entdeckerfreude auf einen gesunden und freudvollen Lebensweg zu begeben.

Der buddhistische Mönch Thich Nhat Hanh hat bereits vor Jahren in einem seiner Bücher geschrieben: «Die Zeit ist reif für ein kollektives Erwachen.» Die Pflege eines achtsamen und aufmerksamen Alltags führt zu mehr Bewusstsein.

Damit es dir als Lehrpersonen gelingt, Achtsamkeit in deinen persönlichen Alltag, aber auch in den Schulalltag zu integrieren, ist es hilfreich, wenn ihr euch gegenseitig unterstützt und die Erfahrungen austauscht. Noch wirksamer ist es natürlich, wenn das ganze Team zusammen mit den Eltern eine achtsame Kultur einübt und pflegt.

Zur Unterstützung und Begleitung biete ich verschiedene Fortbildungen an, die laufend auf der Binja-Webseite aufgeführt werden.

Viel Freude und gutes Gelingen auf diesem spannenden Weg!

LERN-EINHEITEN

Zyklus 1 und 2
Körperempfindung,
Ressourcen, Ich & Du

1. Lerneinheit: Binja und das Thema Achtsamkeit

Inhalte
- Vorstellung von Binja
- Einführung in das Thema Achtsamkeit
- Thema Forschen – Start mit dem Forscherheft
- positive Gefühle
- körperliche Empfindung des positiven Gefühls
- Körperwahrnehmungen erforschen

Ziele
- SuS kennen die Hauptperson Binja und ihre Stärken.
- SuS kennen ihre eigenen Stärken.
- SuS finden starke Eigenschaften bei ihren Mitschülerinnen und Mitschülern.
- SuS kennen das Wort Achtsamkeit und können es in Verbindung mit der Binja-Geschichte bringen.
- SuS wissen, wie sich ein gutes Gefühl im Körper anfühlt.
- SuS lernen, sich in ein gutes Gefühl zu versetzen.
- SuS wissen, was ein Forscherheft ist und haben es mit einer persönlichen Note eröffnet.
- SuS wissen, was eine Körperempfindung ist.

Materialien
- Binja-Bilderbuch S. 6–7
- Forscherheft: Schulheft verzieren mit Binja-Kleber, Kopiervorlage 16 «Binja-Kleber»
- Kopiervorlage 1 «Körperumrisse»
- Lied «Oh, i liäb da wunderbare Gfühl im Buch!», Denise Lier
- zugeschnittene Karten (farbiges Tonpapier) für Komplimente
- Binja-Postkarten für Komplimente
- Für Komplimente Zyklus 1: farbiges Tuch, Krone, Glassteine, Blütenblätter
- Achtsamkeitsübung 1 «Entdeckung des Guten Gefühls»
- Achtsamkeitsübungen 3–5 «Reise durch den Körper, Variante 1, 2 oder 3»
- Eventuell Meditationsmusik nach eigener Wahl
- Kissen

Zeitbedarf
Zwei bis drei Lektionen

Einführung ins Thema, Klassengespräch

Material
Wandtafel beschriftet mit dem Wort Achtsamkeit

1 Start mit dem neuen Thema Achtsamkeit
Was bedeutet es, achtsam zu sein?

Achtsamkeit über die Sinne:
- Begriffe in der Klasse sammeln und miteinander Beispiele durchführen.

- achtsames Hören
- achtsames Fühlen
- achtsames Gehen
- achtsames Sehen
- achtsames Atmen
- achtsames Handeln

Arbeitsauftrag erteilen

2 Forscher sein
Was bedeutet das Wort forschen? Wer forscht?

- Qualitäten des Erforschens sammeln: neugierig sein, offen sein für das, was man entdeckt; nicht wissen, was herauskommt; beobachten und das, was man entdeckt, nicht bewerten, sondern beschreiben; genau hinschauen, spüren, hören etc.

- Eventuell mit den SuS ein Symbol für das Forschen einführen, z. B. einen Feldstecher.

3 Forscherheft eröffnen

Einzelarbeit

Material
Forscherheft, eventuell Foto von sich selber, Kopiervorlage 16 «Binja-Kleber»

- Wir erforschen in den nächsten Wochen uns selbst, was wir gern tun, wie wir fühlen, denken und handeln. Dazu müssen wir uns achtsam beobachten.

- Eintrag ins Forscherheft:

1) Achtsamkeit – Begriffsklärung – siehe unter Punkt 1
2) forschen – eventuell mit dem Symbol Feldstecher verdeutlichen: Ich schaue genau hin. Ich erforsche mich!
3) Forscherheft verzieren mit Binja-Kleber, persönlichem Foto, ...

4 Binja vorstellen

Vorlesen

Auf dieser Forscherreise begleitet uns Binja. Was macht sie gerne? Was kann sie gut?

5 Klassengespräch

Klassengespräch

Material
Bilderbuch S. 6–7

Was mache ich gern? Was kann ich gut?

- Eigene Stärken besprechen.

6 Arbeitsauftrag

Einzelarbeit

Material
Binja-Kleber, persönliches Foto oder Selbstporträt zeichnen

- Eintrag ins Forscherheft über sich und seine Stärken.

- «Ich kann»- Sätze formulieren.

7 Gutes Gefühl – Körperwahrnehmung

Arbeitsauftrag erteilen, Einzelarbeit

Material
Wandtafel, Anhang 2 «Positive Körperempfindungen», Forscherheft, Kopiervorlage 1 «Körperumrisse»

Was man gut kann und gern macht, gibt einem ein gutes Gefühl. Jetzt sind wir Forscher: Wo nimmst du das gute Gefühl wahr?

- SuS erforschen lassen, wo sie das gute Gefühl im Körper wahrnehmen können. Körperteile benennen, berühren, Körperempfindung beschreiben, eventuell an der Wandtafel die Begriffe sammeln.

Arbeitsauftrag: Einführung des Körperbildes, Kopiervorlage 1. Die SuS tragen auf das Körperbild den Ort der Körperempfindung ein und kleben es ins Forscherheft.

8 Innere Reise zur Entdeckung des guten Gefühls

Einführung ins Thema, Klassengespräch

Innere Reise, Einzelarbeit

Material
Kissen – eventuell nehmen die SuS ein persönliches Kissen von zu Hause mit, Achtsamkeitsübung 1 «Innere Reise zur Entdeckung des guten Gefühls», eventuell Meditationsmusik

Es gibt viele Möglichkeiten, sich an gute Gefühle zu erinnern. Eine davon ist das Erinnern an ein schönes Erlebnis.

Klassengespräch: Sammeln von guten Erlebnissen. Die LP überprüft, ob alle SuS sich an ein gutes Erlebnis erinnern. Es gibt Kinder, für die es schwierig ist, sich an etwas Gutes zu erinnern und die dafür Unterstützung durch die LP oder die anderen Kinder benötigen.

Anleitung für die innere Reise zum guten Gefühl – siehe Achtsamkeitsübungen: Nach der inneren Reise findest du am Platz ein Körperbild. Auf dem zeichnest du den Ort ein, wo du das gute Gefühl wahrgenommen hast. Du kannst auch beschriften, wie sich die Körperempfindung angefühlt hat. Anschliessend klebst du das Körperbild in dein Forscherheft.

9 Einführung Symbol

Einführung ins Thema, Klassengespräch, Einzelarbeit

Material
Forscherheft oder Karte

- Für dieses schöne Erlebnis ein Symbol finden.
- Einführung, was ein Symbol ist.
- Titel des guten Erlebnisses aufschreiben und Symbol zeichnen – entweder ins Forscherheft oder auf eine kleine Karte, die die SuS als «Kraftkarte» verwenden können.
- Mit den SuS besprechen, dass man sich durch die Erinnerung an schöne Erlebnisse in ein gutes Gefühl versetzen kann.

10 Lied «Oh, i liäb da wunderbare Gfühl im Buch!»

Material
Lied «I liäb da wunderbare Gfühl im Buch!»

- zuhören, pantomimische Darstellung des guten Erlebnisses, eventuell im Turnunterricht.

11 Komplimente

Einführung ins Thema Komplimente, Klassengespräch, Arbeitsauftrag erteilen

Material
Stuhl, farbiges Tuch, eventuell Krone, Umhang … für das Kind, das das Kompliment erhält; Glassteine, Blütenblätter …, Materialien zur Herstellung einer Glücksbox, Kuvert …

Eine weitere Möglichkeit in ein gutes Gefühl zu gelangen, ist das Austeilen und Erhalten von Komplimenten.

- Mit den SuS besprechen, was gute Komplimente sind – und wieder, wie und wo sich gute Komplimente im Körper wahrnehmen lassen.

Zyklus 1: Komplimentenstuhl

- Ein Kind darf sich auf einen schön gestalteten Stuhl setzen. Drei bis fünf andere Kinder schenken ihm ein Blütenblatt oder eine Glasperle und erwähnen dazu Eigenschaften, die sie an ihm schätzen, bewundern. Zum Beispiel: Ich finde, dass du so gut zuhören kannst, dass du so gut rechnen kannst, dass du so gut trösten kannst …
- Mit den Kindern eine Glücksbox gestalten oder ein Kuvert oder … Darin können die SuS diese «Komplimentenschätze» aufbewahren. In diese Glücksbox könnte man auch die Symbolkarte für das gute Gefühl legen.

→

Arbeitsauftrag, Einzelauftrag

Material
Karte, eventuell Binja-Postkarte

Zyklus 2: Komplimentenkarte schreiben

- SuS schreiben sich gegenseitig Komplimente und gestalten dazu eine schöne Karte, die sie sich dann feierlich überreichen.

Varianten: SuS dürfen das Kind, dem sie ein Kompliment schreiben möchten, selbst wählen. Oder man kann Zettel mit einem Namen des Kindes ziehen lassen.

Auftrag erteilen, Einzelarbeit, innere Reise

Material
Achtsamkeitsübungen 3–5 «Reise durch den Körper, Variante 1, 2 oder 3», je nach Lust und Klasse, Forschertagebuch, Kopiervorlage 1 «Körperumrisse»

12 Schulung der Körperwahrnehmung

In dieser Einheit lernen die SuS das körperliche Abbild des guten Gefühls kennen. Sie machen vielleicht zum ersten Mal die Erfahrung, dass man Gefühle auch körperlich wahrnehmen kann.

- Mit Körperreisen, die unter den Achtsamkeitsübungen zu finden sind, lernen die SuS, ihren Körper bewusst wahrzunehmen.

- Damit sich die SuS dieser Erfahrungen immer bewusster werden, kann man anschliessend an eine Körperreise die Anleitung geben, dass die SuS die Reise in einem Körperbild einzeichnen.

Vertiefungsmöglichkeiten

Sport

- Tanz im Sportunterricht zum Lied «Oh, i liäb da wunderbare Gfühl im Buch!». Man kann zum Lied einen eigenen Tanz erfinden oder die SuS zur Musik frei tanzen lassen — das gute Gefühl tanzen.
- Eine weitere Möglichkeit ist, dass man sich zu den Sequenzen der Querflöte im Kreis trifft und einzelne SuS eine Pantomime machen: etwas, was sie gerne machen und gut können.

NMG und oder Ethik

- Einführung eines Symbols. Was ist ein Symbol? Was für Symbole kennen ich? Wozu helfen Symbole? Wo im Alltag finde ich Symbole?
- Symbole für das gute Gefühl entwickeln – Symbolkarte als Erinnerung/Anker für das gute Gefühl auf dem Pult oder im Etui gut sichtbar platzieren.
- Ausbauen: Wer bin ich? Meine Stärken – sich von Kameradinnen und Kameraden Komplimente schreiben lassen.
- Vertiefte Auseinandersetzung mit existenziellen Grunderfahrungen: Wer bin ich? Was sind meine Stärken? Was meine Schwächen?
- Wie bringe ich meine Stärken in der Klasse ein?
- Kind der Woche wählen: mit Foto, Fähigkeiten, Stärken, Eigen- und Fremdwahrnehmung.

Bildernisches Gestalten

- Selbstporträt malen – Thema Porträt.

Hausaufgaben

Als Transfer in den Alltag können kleine Aufträge erteilt werden:

- z.B. Komplimente im Alltag verteilen: der Mutter, dem Vater, den Geschwistern, fremden Personen.
- Im Forscherheft festhalten: gutes Erlebnis während der Woche.

Zyklus 1 und 2
Achtsames Atmen

2. Lerneinheit: Achtsames Atmen

Inhalte
- Einführung in das achtsame Atmen
- Sitzhaltung beim achtsamen Atmen
- Achtsames Hören

Ziele
- SuS lernen das achtsame Atmen kennen und können es praktizieren.
- SuS wissen, was eine achtsame Körperhaltung ist.
- SuS lernen, ihren Atem zu beobachten.
- SuS lernen das Atemlied «Min Körper – Mis Huus» singen.

Materialien
- Binja-Bilderbuch S. 8–15
- Klangschale
- Lied «Min Körper – Mis Huus», Denise Lier
- Anhang 1 Lösungsblatt zur Kopiervorlage 2 «Mein Atem»
- Eventuell verschiedene Baumbilder
- Forscherheft
- Kopiervorlage 1 «Körperumrisse»
- Kopiervorlage 2 «Mein Atem»
- Achtsamkeitsübung 2 «Achtsames Atmen – Einführung»

Zeitbedarf
Eine bis zwei Lektionen

Klassengespräch

1 Repetition der ersten Lerneinheit

- Klassengespräch über Erfahrungen mit dem guten Gefühl und/oder den Komplimenten:
  - Konntest du während der Woche einmal ein gutes Erlebnis bewusst erinnern?
  - Wann hast du dich erinnert?
  - Konntest du das Gefühl im Körper wahrnehmen?
  - Am gleichen Körperort wie in der Klassenstunde?
  - Gab es ein neues gutes Gefühl?
  - Erfahrungen mit dem Kompliment austauschen: Wie reagierte das Gegenüber?
  - Was hat es in dir ausgelöst?

Arbeitsauftrag erteilen, Klassengespräch, Partnerarbeit

Material
Klangschale

2 Repetition Achtsamkeit

Erinnert ihr euch noch, wo und wie wir im Alltag achtsam sein können?

Übung: Achtsames Zuhören.

Anleitung: Alle SuS schliessen die Augen. LP schlägt die Klangschale an. SuS hören achtsam den Ton und heben die Hand, wenn sie den Ton nicht mehr hören.

Variante für die Repetition: Achtsamkeit in Verbindung mit Punkt 1. Anstelle eines Klassengesprächs über das gute Gefühl kann LP auch den Auftrag für eine Partnerarbeit geben.

- Ein Kind hört achtsam zu, was das andere über den Moment, in dem es ein gutes Gefühl hatte, erzählt. Nach ein, zwei Minuten erklingt die Klangschale und die SuS wechseln ihre Rollen.
  Wichtig: SuS, die zuhören, dürfen das Gehörte nicht kommentieren, nur wach zuhören.

→

- Nach dieser Übung in der Klasse austauschen, was das für eine Erfahrung ist, wenn jemand achtsam/aufmerksam zuhört, ohne seine eigenen Gedanken dazu mitzuteilen, und wie das ist, nichts zum Gehörten mitteilen zu können.

Einzelarbeit

Material
Forscherheft, Körperbild, Kopiervorlage 1 «Körperumrisse»

3 Körperempfindung bemerken und einzeichnen

Wie geht es dir gerade jetzt, nach diesem Gespräch? Wo nimmst du das Gefühl jetzt im Körper wahr?

- Jetziges Körperempfinden auf einem Körperbild eintragen und ins Forscherheft kleben.

Vorlesen, Klassengespräch

Material
Bilderbuch S. 8–12, Bilderbuch S. 13–15

4 Geschichte von Binja weitererzählen

- Geschichte erzählen bis zum Geheimnis, S. 12.
- Geheimnis: Was könnte es sein?
  → Der Atem
- Geschichte weiter erzählen bis S. 15.

Achtsamer Atem

Material
Achtsamkeitsübung 2 «Achtsamer Atem – Einführung», Klangschale

5 Einführung in das achtsame Atmen

- Mit SuS die gleiche Übung, wie Alfonso sie mit Binja gemacht hat, durchführen.
  → siehe Achtsamkeitsübung 2 «Achtsamer Atem – Einführung».

Klassengespräch

6 Erfahrungsaustausch

Wie war das für dich? Was hast du bemerkt? Körperempfindung?

In der Regel staunen die Kinder über die Ruhe, die sie erleben. Manche spüren die Entspannung.

Einführung ins Thema

Material
Wandtafelbild eines Baums, Achtsamkeitsübungen und innere Reisen zum Binja-Programm, Einführung

7 Sitzen wie ein Baum, Wissensvermittlung

«Sitzen wie ein Baum» gilt als Codewort, damit die Kinder eine Haltung einnehmen, die den Prozess des achtsamen Atmens unterstützt. Der Baum hat einen aktiven Sauerstoffaustausch mit der Umwelt wie wir auch. Vielleicht kennen die SuS bereits den Kreislauf des Wassers und des Sauerstoffs. Dann kann darauf zurückgegriffen werden – oder es wird eventuell zeitgleich in NMG behandelt.

Wichtig ist, dass die SuS mit dem Codewort «Sitzen wie ein Baum» sofort die Sitzposition einnehmen lernen, damit ohne Aufwand und grosse Erklärungen der achtsame Atem im Schulalltag geübt werden kann.

→

- An Wandtafel Stamm, Krone und Wurzeln zeigen und mit den entsprechenden Körperteilen in uns vergleichen; Wir sind wie der Baum auch ein Lebewesen, das im Austausch mit unserer Umgebung steht.

- SuS in eine persönliche Erfahrung führen:
  - Stehen wie ein Baum: Wurzeln (Füsse) wahrnehmen, ihre Krone wahrnehmen (Kopf, mit Baumkrone bilden, evtuell Baumübung aus dem Yoga machen).
  - Sitzen wie ein Baum: SuS in die Erfahrung führen, wie sich das Atmen in unterschiedlichen Sitzhaltungen anfühlt, damit sie erfahren, dass es mit geradem Rücken am angenehmsten ist.

8 Anleitung achtsames Atmen

Achtsamer Atem

Material
Klangschale

- Erste Durchführung: atmen, bis die SuS den Klang der Klangschale nicht mehr hören.

- Erfahrungsaustausch.

- Nochmaliges achtsames Atmen.

- Bei der zweiten oder dritten Durchführung bereits einem Kind die Möglichkeit geben, mit Unterstützung der LP das achtsame Atmen anzuleiten.

9 Eintrag ins Forscherheft

Einzelarbeit

Material
Forscherheft, Bild vom Baum zeichnen, einkleben ..., Kopiervorlage 2 «Mein Atem», Anhang 1 Lösungsblatt zur Kopiervorlage 2 «Mein Atem»

- Körperhaltung beim achtsamen Atmen – Codewort «Sitzen wie ein Baum».

- Eventuell auch Körperbild mit dem Auftrag einzuzeichnen, wo SuS den Atem wahrnehmen konnten.

- Eventuell Arbeitsblatt über die Aufgabe des Atems.

10 Binja weitererzählen Seite 16

Vorlesen, Klassengespräch

Material
Bilderbuch S. 16

- SuS fragen, wie oder für was das Geheimnis wohl helfen könnte.

11 Atemsong «Min Körper – Mis Huus»

Material
Lied «Min Körper – Mis Huus», Bewegungsablauf – siehe rechts

Unser Körper ist wie ein Haus; der Atem erfüllt unser Haus, reinigt unser Haus, belebt unser Haus ...

- Lied hören und die Bewegungen dazu ausführen.

Bewegungsablauf für das Lied «Min Körper – Mis Huus» von Denise Lier

1.Strophe

Schnuuf ii	Mit den Händen die Luft vom Boden an der Seite des Körpers auf die Höhe der Schulter ziehen.
Schnuuf us	Mit den Händen die Luft zurück zum Boden bringen.
min Körper	Mit den Händen die Luft vom Boden an der Seite des Körpers auf die Höhe der Schulter ziehen.
mis Huus	Mit den Händen über dem Kopf ein Dach ziehen.
mach d'Auge zue	Hände über die Augen halten.
und chum i d' Rueh	Hände zum Herzen bringen.

Refrain

iii---uus	gleiche Bewegungen wie bei «Schnuuf ii – schnuuf us, min Körper – Mis Huus».

2. Strophe

lueg, Bilder,	mit dem rechten und linken Zeigefinger von der Schläfe weg
lueg Bilder ziehnd us	... Drehbewegungen in die Luft machen (mit den Bildern sind die Gedanken und Gefühle gemeint).

3.Strophe

Und gnüss die Rueh	Hände auf den Bauch halten und geniessen.

Zwischenmusik

Sanftes, angenehmes Schaukeln im eigenen «Haus».

Vertiefungsmöglichkeiten

Tägliche Achtsamkeitspraxis in der Schule

- Bewusst Zeit einplanen für eine kurze tägliche Stillesequenz: achtsames Atmen wie oben eingeführt praktizieren. Durch das regelmässige Praktizieren verändert sich das Gehirn. Der «Achsamkeitsmuskel» wird trainiert.
- Sich bewusst Zeit nehmen, um während des Unterrichts kurz innezuhalten und die jetzige Körperempfindung zu erforschen – einzeichnen auf einem Körperbild. Das Bild mit Datum beschriften und die gesammelten Bilder in der nächsten Achtsamkeitsstunde einkleben, ohne zu kommunizieren – SuS lernen, wertfrei zu beobachten, und sehen, dass auch Körperempfindungen nicht immer gleich sind. Alles ist im Fluss.

NMG

- Im Rahmen der Unterrichtseinheit «Der menschliche Körper und seine Funktionen» das Thema «Lunge – Atem» behandeln.
- Im Rahmen Naturkunde «Der Baum», Sauerstoffkreislauf, Teile des Baumes etc. behandeln.
- In den Wald gehen: SuS dürfen ihren Lieblingsbaum suchen, ihn zeichnen, seine Eigenschaften erforschen ...

Hausaufgaben

SuS sollen auf dem Heimweg kurz stehen bleiben und achtsames Hören pflegen. Was hören die SuS? Ist das Hören anders als sonst?

Zyklus 1 und 2
Achtsames Atmen, Körperbewusstsein

3. Lerneinheit: Achtsames Atmen, Vertiefung

Inhalte
- Bedeutung des Körperankers
- Gedanken beobachten

Ziele
- SuS erkennen, dass Gedanken und Gefühle die Stille unterbrechen.
- SuS lernen den Körperanker als eine Möglichkeit kennen, sich selbst wieder zurück in die Beobachtung des Atems zu führen.
- SuS können achtsames Atmen anwenden.

Materialien
- Klangschale
- Forscherheft
- Bild eines Ankers
- Achtsamkeitsübung 2 «Achtsames Atmen – Einführung»
- Lied «Min Körper – Mis Huus», Denise Lier
- Binja-Traumkugel

Zeitbedarf
Eine Lektion

1 Repetition achtsames Atmen

Einführung ins Thema, Klassengespräch, Gruppenaustausch

Material
Klangschale, Bild Binja atmend S. 14–15

- Einmal Anleitung durch LP, dann wieder durch ein Kind mit Unterstützung der LP. Anschliessend Austausch: Wer kann auf das Atmen fokussiert bleiben? Wer hat Gedanken, Bilder oder Körperempfindungen?

- SuS loben, dass sie das bemerkt haben – das ist normal, wir haben alle Gedanken, die die Stille unterbrechen.

2 Körperanker

Einführung ins Thema, Klassengespräch

Material
Ankerbild an Wandtafel, Binja-Traumkugel

Damit es möglich wird, immer wieder zurück zur Beobachtung des Atems zu kommen, hilft uns ein Anker.

- Was ist ein Anker? Für was wird er benutzt? Vergleich mit dem Schiff. Unsere Gedanken und Gefühle und körperliche Wahrnehmung – Schmerzen, ungewohntes Atmen etc. – sind wie die Wellen im Sturm. Der Anker hilft, das Schiff an einem bestimmten Ort zu halten. Unser Körperanker unterstützt uns, zur Beobachtung des Atems zurückzukehren.

- Körper als Anker:
  SuS wählen die Brust oder den Bauch als einen möglichen Anker.

  Erläuterung: In unserem Kopf schwirren immer viele Gedanken herum. Es sieht manchmal so aus wie in der umgekehrten Traumkugel (Traumkugel umkehren und den SuS zeigen).
  Wir kehren mit dem Körperanker immer wieder freundlich, aber bestimmt von den Gedanken zum achtsamen Atmen zurück, indem wir die Körperstelle, die sich durch das Atmen auf und ab bewegt, beobachten und fühlen.
  a) Hand auf Bauch
  b) Hand auf Brust

Arbeitsauftrag erteilen, Einzelarbeit

Material
Forscherheft

3 Eintrag Forscherheft

- Eintrag ins Forscherheft: Mein Anker ist ________. SuS zeichnen einen Anker.

Achtsames Atmen

Material
Klangschale

4 Repetition achtsames Atmen

- Eventuell die Dauer des Atmens verlängern. LP achtet auf die Atmosphäre im Klassenzimmer. Wie lange kann LP das achtsame Atmen verlängern, damit sich die Kinder wohlfühlen?

Material
Lied «Min Körper – Mis Huus», Kissen

5 Abschluss

- Liegend die Ruhe geniessen mit dem Atemsong «Min Körper – Mis Hus».

Vertiefungsmöglichkeiten

- Tägliche Achtsamkeitspraxis in der Schule.
- Kleine Hausaufgabe: Kannst du auch zu Hause achtsam atmen? Sich austauschen: Wie geht das allein? Was ist anders, wenn ich allein atme?
- Zyklus 2: Beobachtungen im Forscherheft festhalten.

Zyklus 1 und 2
Achtsamer Atem, Gefühle, Körperbewusstsein, Ich & Du

4. Lerneinheit: Wut, 1. Teil

Inhalte
- Wut – Ursachen für das Gefühle Wut
- Wut als körperliche Erfahrung
- Stopp, atme! – Bedeutung des achtsamen Atmens

Ziele
- SuS lernen zu erkennen, wie sich ihr Körper anfühlt, wenn sie wütend sind und können die Empfindung benennen.
- SuS lernen für die Körperempfindungen einen Wortschatz kennen und können ihn bei sich anwenden.
- SuS wissen um die Bedeutung des achtsamen Atmens, um wieder zurück in die Ruhe zu finden.
- SuS erfahren eine erste körperliche Übung, um sich zu beruhigen.

Materialien
- Klangschale
- Forscherheft
- Binja-Bilderbuch S. 16–19
- Rote Karte mit Wort Wut
- Kopiervorlage 1 «Körperumrisse»
- Kopiervorlage 3 «Gefühle im Körper»
- Kopiervorlage 15 «Alfonso, Denkblase»
- Lied «Wuet!», Denise Lier
- Leere Zündholzschachteln und diverse Bastelmaterialien
- Anhang 3 «Körperempfindungen bei heftigen Gefühlen»
- Anhang 8 «SOS-Box herstellen»

Zeitbedarf
Eine bis zwei Lektionen

Achtsames Atmen

Material
Klangschale

1 Achtsames Atmen
- Anleitung durch LP oder SuS.

Vorlesen

Material
Bilderbuch S. 16, rote Karte

2 Weiterfahren mit der Binja-Geschichte S. 16
Alfonso nimmt Binja mit in die Gefühlsländer. Binja zieht die rote Karte: Wut.

Material
Lied «Wuet!»

3 Reise ins Wutland
Wie fühlt sich Wut an?

- SuS hören das Lied: «Wuet!» von Denise Lier.

Achtung: Es gibt Kinder, bei denen dieses Lied unangenehme Gefühle hervorruft. Beobachte SuS während des Zuhörens und stoppe die Musik, wenn es zu viel wird.

Einführung ins Thema, Klassengespräch

4 Klassengespräch

Kennt ihr das Gefühl? Wann seid ihr wütend? Was bringt euch ins Wutland? Wo spürt ihr die Wut?

Klassengespräch

Material
Wandtafel, Anhang 3 «Körperempfindungen bei heftigen Gefühlen»

5 Wut im Körper

Wut, Gefühle kann man im Körper empfinden.

- Wortfeld für Wut als Körperempfindung finden und an der Wandtafel eintragen.

Arbeitsauftrag erteilen, Einzelarbeit

Material
Forscherheft, Körperbild, Kopiervorlage 1 «Körperumrisse», Kopiervorlage 3 «Gefühle im Körper»

6 Eintrag im Forscherheft

- Auf einem Körperbild den Ort einzeichnen, an dem SuS die Wut empfinden.
- Eventuell das Arbeitsblatt «Gefühle im Körper» ausfüllen lassen.

Vorlesen, Achtsames Atmen, Einführung ins Thema

Material
Klangschale, Binja-Bilderbuch S. 18–19

7 Geschichte weitererzählen

Alfonso erscheint: «Hallo Binja, denke an den Atem!»

- Mit den SuS achtsam atmen.
- Erzählen, wie Binja wieder zurückfindet in die Ruhe, eventuell mit den SuS besprechen, wie es ihnen geht, wenn sie atmen.

Binja fragt: «Kann ich nun besser rechnen?» Alfonso antwortet: «Nein, aber du kannst nur rechnen, wenn du HIER bist, bei dir, in der Ruhe. Wenn du wütend bist, kannst du nicht rechnen.»

- Bild betrachten – das Rot der Wut verschwindet. Mit dem Atem wird es wieder ruhig.

Gestalten

Material
Anhang 8 «SOS-Box herstellen», Kopiervorlage 15 «Alfonso, Denkblase»

8 Gestaltung SOS-Box

Die SOS-Box soll SuS daran erinnern, dass der Atem hilft, zurück in die Mitte zu finden.

Laminierte Bilder von Alfonso können auf dem Pult ans bewusste Atmen erinnern.

Erzählen

Material
Lied «Wuet!»

9 Schluss

Es gibt andere Möglichkeiten, wie man Wut wieder loslassen kann.

Eine kurze Geschichte von den Eisbären:
Forscher haben beobachtet, dass Eisbären, wenn sie für Forschungszwecke betäubt werden, nach dem Aufwachen ihren ganzen Körper schütteln, zittern und tiefe Atemzüge nehmen (Peter Levine, Verwundete Kinderseelen heilen, S. 31, Kösel Verlag, 2014). Sie sind zu der Erkenntnis gelangt, dass das Schütteln hilft, den Stress des Schusses (mit dem Narkosemittel) wieder loszulassen. Dieses Wissen können auch wir Menschen nutzen. Bei Stress: tanzen, Körper heftig schütteln, in die Luft boxen.

- SuS schütteln sich oder tanzen zum Lied «Wuet!».

Klassengespräch, Einzelarbeit

Material
Forscherheft

10 Wut ist eine Energie

Sie kann Angst machen, zu Affekthandlungen führen oder aber auch als starke Kraft erfahrbar sein, um sich abzugrenzen, Nein zu sagen oder um etwas anzupacken, das man erreichen will.

- Eventuell diese Entdeckung ins Forscherheft notieren: Wut ist eine Kraft. Sie kann bedrohen. Sie unterstützt uns aber auch, um uns abzugrenzen und dass wir uns für etwas Wichtiges einsetzen können.

Vertiefungsmöglichkeiten

- Tägliche Praxis des achtsamen Atmens, Stilleminute.
- Schulung Körperbewusstsein mit verschiedenen Achtsamkeitsübungen.

Sport

Einige SuS haben wenig Zugang zu den eigenen Körperempfindungen. Gerade sensible oder traumatisierte Kinder sowie SuS mit speziellen Bedürfnissen haben ihre «Antennen» mehr im Aussen. Sie realisieren, wie es anderen Menschen geht, können aber keine Antworten geben, wenn man sie nach ihren Körperempfindungen fragt oder auch danach, womit sie gerade beschäftigt sind. Vor allem für diese Kinder ist es sehr wichtig, sie immer wieder in die eigenen Körperempfindungen zu führen. Nach meiner Erfahrung ist die Wahrnehmungsförderung jedoch für alle ein unterstützendes Werkzeug zu mehr Bewusstsein.

Hier zusätzliche Körperübungen für zwischendurch oder in einer Sportstunde:

1) Körperwahrnehmung mit Rhythmiksäckchen, Zyklus 1
Partnerarbeit:
- Kind A liegt bequem auf dem Boden.
- Kind B legt ihm an verschiedenen Orten ein Säcklein auf den Körper.
- Kind A benennt, wo das Säcklein liegt, ob es angenehm ist, schwer oder leicht etc.
- Partnerwechsel.

Steigerung:
- Das Kind, das liegt, hält die Augen geschlossen.

Eine ähnliche Übung benötigt ein Malerklebeband:
- Kind A klebt auf den Rücken von Kind B ein Stück des Malerklebebands.
- Kind B errät die Stelle.
- Partnerwechsel.

2) Massieren mit Massageball

- SuS massieren sich gegenseitig mit einem Massageball.
- Zuvor Verhaltensregeln abmachen: Wie stark darf ich mit dem Ball drücken, damit es für das Kind, das massiert wird, angenehm ist? Wo darf man nicht massieren (Genitalien, Brustbereich)?
- Stopp sagen, wenn eine Berührung nicht angenehm ist.
- Formen der Bedankung nach der Massage finden.

Diese Übung fördert Verantwortung und Respekt dem andern gegenüber.

3) Übung Schmetterling und Blume

- Einteilung der Klasse in zwei Gruppen: Schmetterlinge und Blumen.
- Blumen (Gruppe 1) liegen im Raum auf verteilten Matten auf dem Rücken und schliessen nach Möglichkeit die Augen (nie verlangen – traumatisierte Kinder können schlecht die Augen schliessen!).
- Schmetterlinge (Gruppe 2) tanzen zu einer ruhigen Musik durch die Turnhalle und berühren ganz sanft immer wieder ein Körperteil eines liegenden Kindes.
- Regeln besprechen: keine Geschlechtsteile berühren, sanfte Berührungen. Nehme ich (Schmetterling) wahr, wo die Blume berührt werden möchte?
- Dann Gruppenwechsel.

Diese Übung verlangt ein vertrautes Klassenklima.

4) Buchstaben/Wörter erfühlen

- Kinder setzen sich paarweise zusammen.
- Kind 1 macht einen runden Rücken und schliesst die Augen oder schaut so auf seine Knie, dass es nicht sieht, was das andere Kind macht (benötigt Vertrauen). Das zweite Kind schreibt auf den Rücken einen Buchstaben, eine Form, ein Wort. Kind 1 errät, was Kind 2 auf seinen Rücken geschrieben hat. Wörter erraten können viele Kinder nicht.
- Die Übung individuell nach den Fähigkeiten der Kinder gestalten.

Zyklus 1
Achtsames Atmen, Gefühle,
Ich & Du

5. Lerneinheit: Wut, 2. Teil, Zyklus 1

Inhalte
- Psychoedukation – Was geschieht in unserem Gehirn bei heftigen Gefühlen?
- Gehirnmodell «Gehirn an einer Hand erklärt» kennenlernen
- Ressourcen zur Stressbewältigung

Ziele
- SuS lernen die Abläufe bei heftigen Gefühlen im Gehirn kennen.
- SuS wissen um die Bedeutung des Atmens zur Beruhigung des Körpers.
- SuS wissen, was ihnen persönlich hilft, um Verantwortung für ihre heftigen Gefühle zu übernehmen.

Materialien
- Binja-Bilderbuch S. 17–19
- Klangschale
- Forscherheft
- Anhang 4–7 «Hintergrundwissen Gehirn», «Gehirn an einer Hand erklärt nach Daniel J. Siegel»
- Kopiervorlage 4 «Gehirn an einer Hand erklärt mit Binja»
- Knet
- zwei Reifen
- blauer Stoff oder Papier
- zugeschnittene Zettel für Ressourcen, eventuell Garn zum Aufhängen
- Krone
- Dinosaurierfigur
- Lieder «Wuet!» und «Min Körper – Mis Huus», Denise Lier
- Ressourcenschachtel (SOS-Box) der SuS, wenn vorhanden

Zeitbedarf
Eine bis zwei Lektionen

Achtsames Atmen

Material
Klangschale

1 Achtsames Atmen
- Anleitung durch LP oder SuS.

Klassengespräch oder Partnerarbeit

Material
Bilderbuch S. 17

2 Wut, Repetition
Hat dich in dieser Woche etwas wütend gemacht?
Was hat dich wieder beruhigt?
Alfonso erinnert ans Atmen. Hast du andere Tipps, dich zu beruhigen?

Einführung ins Thema, gestalten

Material
Lied «Wuet!», Knet

3 Wutmonster
- Kinder noch einmal die Wut erfahren lassen – eventuell mit dem Lied «Wuet!».

- Wutmonster kneten.

4 Wissensvermittlung

Einführung ins Thema

Material
Anhang 4–7 «Hintergrundwissen Gehirn», «Gehirn an einer Hand erklärt»

- Gehirnmodell an einer Hand erklärt nach Dr. Daniel Siegel – siehe Anhang 4–7.

5 Sich der Bedeutung des achtsamen Atmens bewusst werden

Achtsames Atmen

Material
Anhang 4 – Abschnitt «Tor zum Bewusstsein», Bilderbuch S. 18, Klangschale

Das achtsame Atmen beruhigt uns wieder – siehe Binja-Geschichte S. 18 und Anhang 4 – Abschnitt «Tor zum Bewusstsein».

- Mit den SuS atmen.

6 Persönlicher Bezug

Klassengespräch, spielen

Material
Zwei Reifen, blauer Stoff oder Tonzeichenpapier, eventuell eine Krone

Es ist eine Unterstützung, wenn SuS realisieren, dass bei Wutausbrüchen «etwas» in ihnen passiert und das Wutmonster oder der Dinosaurier oder … das Handeln übernimmt.
Der «König», der «Chef», das bewusste Ich ist nicht mehr zugänglich. Die Frage «Wer ist der Chef in deinem Reich, wenn du eine impulsive Handlung machst?», lädt zum Nachdenken ein.

- Klassendiskussion. Wie ist das bei euch, wenn ihr wütend seid, ausrastet?

Spielidee
- Zwei Reifen — einer ist das Land des Königs, einer das Land des Wutmonsters.
- Eine Atembrücke (blaues Papier, Stoff) verbindet die beiden Länder.
- Ein Kind kann nun ins Wutmonster stehen und mit einer Pantomime darstellen, wie es aussieht, wenn es ganz wütend ist.
- Ein Kind spielt Alfonso. Er steht ausserhalb des Reifens, tippt dem wütenden Kind an die Schulter und sagt: «Stopp, atme!»
- Dann darf das Kind «erwachen», tief atmen und über die blaue Brücke spazieren. Im Königsland erhält es eine Krone und darf sich in seiner Kraft zeigen.

7 Eintrag im Forscherheft

Einzelarbeit

Material
Kopiervorlage 4 «Gehirn an einer Hand erklärt mit Binja»

- SuS gestalten einen Eintrag im Forscherheft mit einer Situation, in der sie wütend wurden – sie zeichnen oder malen und kleben dazu das Wutbild mit Binja aus der Kopiervorlage 4 «Gehirn an einer Hand erklärt mit Binja» ein.

- Anschliessend können sie das Bild «Binja mit dem Luftballon» aus derselben Kopiervorlage einkleben.

8 Weitere Ressourcen zur Beruhigung des Wutmonsters

Partner- oder Gruppenarbeit

Material
Notizzettel

- Partner- oder Gruppenarbeit: Was hilft zusätzlich zur Beruhigung, wenn man wütend ist? SuS sammeln mögliche Ideen, die sie bereits kennen und notieren diese auf einen Notizzettel.

9 Austausch der Tipps

Klassengespräch

Material
Forscherheft, SOS-Box, Baum, Schnur ...

- SuS stellen ihre Ideen zur Beruhigung der Wut vor.

- Persönliche Favoriten können in die SOS-Box gelegt oder im Forscherheft notiert werden.

Weitere Idee: Sammeln der Tipps und sie für alle zugänglich an einen Ressourcenbaum im Schulzimmer hängen.

10 Schluss

Achtsames Atmen, bewegen

Material
Achtsamkeitsübung nach Wahl, Lieder Denise Lier

- Achtsamkeitsübung nach Wahl: «Achtsames Atmen» oder «Wut tanzen». Dann sich hinlegen und die Ruhe des Atemsongs geniessen.

- Nach der Beruhigung wird das Wutmonster wieder zu einem Haufen zusammengeknetet – die Wut ist vorbei.

Vertiefungsmöglichkeiten

- Tägliche Achtsamkeitspraxis in der Schule und eventuell zu Hause.
- NMG: vertieftes Lernen über Funktionen des Gehirns, Abläufe der Gefühle, Energieverbrauch bei heftigen Gefühlen etc.

Zyklus 2
Achtsames Atmen, Gefühle,
Ich & Du

5. Lerneinheit: Wut, 2. Teil, Zyklus 2

Inhalte
- Psychoedukation – Was geschieht in unserem Gehirn bei heftigen Gefühlen?
- Gehirnmodell «Gehirn an einer Hand erklärt» kennenlernen

Ziele
- SuS lernen die Abläufe bei heftigen Gefühlen im Gehirn kennen.
- SuS wissen um die Bedeutung des Atems zur Beruhigung des Körpers.
- SuS wissen, was ihnen persönlich hilft, um Verantwortung für ihre heftigen Gefühle zu übernehmen.

Materialien
- Binja-Bilderbuch S. 17–19
- Klangschale
- Forscherheft
- Anhang 4–7 «Hintergrundwissen Gehirn», «Gehirn an einer Hand erklärt nach Daniel J. Siegel»
- Kopiervorlage 5 «Gestaltungsvorlage Gehirn, Zyklus 2 (Gehirnlandkarte)»
- Kopiervorlage 6 «Gefühle im Kopf»
- farbige Bänder
- zugeschnittene Zettel für Ressourcen, eventuell Garn zum Aufhängen
- Lieder «Wuet!» und «Min Körper – Mis Huus», Denise Lier
- Ressourcenschachtel (SOS-Box) der SuS, wenn vorhanden

Zeitbedarf
Eine bis zwei Lektionen

1 Achtsames Atmen

Achtsames Atmen

Material
Klangschale

- Anleitung durch LP oder SuS.

2 Wut, Repetition

Klassengespräch oder Partneraustausch

Material
Bilderbuch S. 17

Hat dich in dieser Woche etwas wütend gemacht?
Was hat dich wieder beruhigt?
Alfonso erinnert an den Atem. Kennst du andere Tipps, die dich beruhigen?

3 Wissensvermittlung

Einführung ins Thema

Material
Anhang 4–6 «Hintergrundwissen Gehirn», «Gehirnmodell an einer Hand erklärt», Anhang 7 «Anleitung zur Herstellung eines Gehirnmodells»

- Hintergrundwissen Gehirn, Gehirnmodell nach Dr. Daniel Siegel – siehe Anhang 4–7 – sowie nach der Gehirnlandkarte.

- Wenn vorhanden, interessieren sich SuS auch für Gehirnmodelle.

Ziel ist, dass den SuS bewusst wird, dass ein äusserer Reiz, der nicht eingeordnet werden kann, Stress auslöst, so dass Angst und Aggression entstehen kann. «Etwas» überwältigt uns. SuS verstehen, was beim Gefühl der Wut in ihren Gehirnen und Körpern geschieht.

4 Sich der Bedeutung des achtsamen Atmens bewusst werden

Achtsames Atmen

Material
Anhang 4 – Abschnitt «Tor zum Bewusstsein», Bilderbuch S. 18, Klangschale

Das achtsame Atmen beruhigt uns wieder – siehe Binja-Geschichte S. 18 und Anhang 4 – Abschnitt «Tor zum Bewusstsein».

- Mit den SuS atmen.

5 Gestaltung der Gehirnlandkarte

Gestalten

Material
Anhang 7 «Anleitung zur Herstellung eines Gehirnmodells», Kopiervorlage 5 «Gestaltungsvorlage Gehirn», farbige Bänder

- Eintrag im Forscherheft. Zur Vertiefung eine Gehirnlandkarte gestalten. Diese kann auch bei der Behandlung anderer Gefühle ständig erweitert werden, da der Ablauf im Gehirn derselbe ist.

- Die Gehirnlandkarte kann mit Kuverts mit Ressourcentipps – siehe Punkt 9 – beklebt und ergänzt werden.

Die Gehirnlandschaft soll das Verständnis der Abläufe im Gehirn vertiefen.

6 Persönlicher Bezug

Klassengespräch, Partnerarbeit, spielen

- Klassengespräch, was die SuS wütend macht und Stress auslöst. Sie erkennen, dass bei Wutausbrüchen «etwas» in ihnen passiert und das Wutmonster, der Dinosaurier oder ... das Handeln übernimmt.

Der «König», der «Chef», das bewusste Ich ist nicht mehr zugänglich, da die Verbindung zum Grosshirn nicht mehr oder nur noch teilweise möglich ist. Die Frage «Wer ist der Chef in deinem Reich, wenn du eine impulsive Handlung machst?», lädt zum Nachdenken ein.

- Klassendiskussion: Wie ist das bei euch, wenn ihr wütend seid, ausrastet?

Spielidee
- Ein Kind zeigt die Körperhaltung, wenn es wütend ist, macht Bewegungen, wie es innerlich «kocht». Ein zweites Kind spielt Alfonso, tippt es auf die Schulter und sagt: «Stopp, atme!»
- Das erste Kind nimmt einen tiefen Atemzug, entspannt sich und macht wieder ein freundliches Gesicht.

7 Vertiefung

Einzel- oder Partnerarbeit

Material
Kopiervorlage 6 «Gefühle im Kopf»

Gefühle im Kopf:
- SuS lesen das Arbeitsblatt «Gefühle im Kopf» und lösen die Arbeitsaufträge.

- Sie zeichnen oder beschreiben eine persönliche Geschichte eines Anlasses, der in ihnen Wut ausgelöst hat.

8 Weitere Ressourcen zur Beruhigung des Wutmonsters

Partner- oder Gruppenarbeit

Material
Notizzettel

- Partner- oder Gruppenarbeit: Was hilft zusätzlich zur Beruhigung, wenn man wütend ist? SuS sammeln mögliche Ideen, die sie bereits kennen und notieren diese auf einen Notizzettel.

9 Austausch der Tipps

Klassengespräch

Material
Forscherheft, SOS-Box, Baum, Schnur ...

- SuS stellen ihre Ideen zur Beruhigung der Wut vor.
- Persönliche Favoriten können in die SOS-Box gelegt oder ins Forscherheft notiert werden.

Weitere Idee: Sammeln der Tipps und sie für alle zugänglich an einen Ressourcenbaum im Schulzimmer hängen.

10 Schluss

Achtsames Atmen, bewegen

Material
Achtsamkeitsübung nach Wahl, Lieder Denise Lier

- Achtsamkeitsübung nach Wahl: «Achtsames Atmen» oder «Wut tanzen». Dann sich hinlegen und die Ruhe des Atemsongs geniessen.

Vertiefungsmöglichkeiten

- Tägliche Achtsamkeitspraxis in der Schule und eventuell zu Hause.
- NMG: vertieftes Lernen über Funktionen des Gehirns, Abläufe der Gefühle, Energieverbrauch bei heftigen Gefühlen etc.

Zyklus 1 und 2
Achtsames Atmen, Gefühle, Ressourcen, Körperbewusstsein

6. Lerneinheit: Weitere starke Gefühle: Angst, Trauer, Eifersucht, Ohnmacht

Inhalte
- Gefühle kann man am Gesichtsausdruck und an der Körperhaltung erkennen
- Weitere Ressource kennenlernen:
  - Jin Shin Jyutsu
  - Mutstein
  - Innere Reise zum Finden des Tierfreunds

Ziele
- SuS lernen fünf Hauptgefühle kennen: Wut, Angst, Trauer, Eifersucht, Mutlosigkeit.
- SuS wissen, dass man Gefühle am Gesicht und der Körperhaltung erkennen kann.
- SuS kennen die Ressource des achtsamen Atmens, der aus dem Gefühlsland herausführt.
- SuS kennen die Hand aus dem Jin Shin Jyutsu und können die Finger als eine weitere Ressource anwenden.
- SuS lernen weitere Ressourcen kennen wie den Mutstein und den inneren Tierfreund.

Materialien
- Binja-Bilderbuch S. 20–33, S. 46, S. 49
- Klangschale
- Forscherheft
- Lieder von Denise Lier
- Kopiervorlage 3 «Gefühle im Körper»
- Kopiervorlage 7 «Gefühle vom Gesicht ablesen»
- Kopiervorlage 11 «Gestaltungsvorlage, Gefühlsuhr, Zyklus 1»
- Kopiervorlage 12 «Emotionen: Sticker für Gefühlsuhr»
- Acrylfarben zum Bemalen des Mutsteins
- Achtsamkeitsübung 6 «Innere Reise: Finde deinen Tierfreund»

Zeitbedarf
Eine bis vier Lektionen

Achtsames Atmen

Material
Klangschale

1 Achtsames Atmen
- Einmal angeleitet durch LP, ein- bis zweimal angeleitet durch SuS.

Klassengespräch

Material
Kopiervorlagen 8–10 «Gefühlsbilder», «Gefühlswörter»

2 Gefühle am Gesicht erkennen
- Bild von Binja S. 17 zeigen oder alle Binjagesichter — siehe Kopiervorlagen.
- Klassengespräch, wie man Gefühle bei Mitmenschen erkennt: am Gesichtsausdruck und an der Körperhaltung.

Übung: SuS machen Pantomimen über Gefühlsausdrücke. Klasse errät, um welches Gefühl es sich handelt.

→

Weitere Diskussion: Gefühle sind ansteckend, wir übernehmen oft die Gefühle der Mitmenschen.

Bewusstsein entwickeln: Welche Gefühle sind gerade in mir vorhanden? Meine – oder die von jemandem anderem? Wie kann ich wieder zu mir kommen? Mit dem bewussten Atmen.

3 Achtsames Atmen

Achtsames Atmen

Material
Klangschale

- Tägliche Praxis des achtsamen Atmens mit den SuS.

4 Gefühlsuhr gestalten

Gestalten

Material
Kopiervorlage 11 «Gestaltungsvorlage Gefühlsuhr, Zyklus 1», Kopiervorlage 12 «Emotionen: Sticker für Gefühlsuhr»

- SuS gestalten ihre persönliche Gefühlsuhr.

- Sie entdecken mit dem täglichen Einstellen ihrer Gefühle, dass Gefühle kommen und gehen.

5 Schriftliche Vertiefung

Einzelarbeit

Material
Kopiervorlage 7 «Gefühle vom Gesicht ablesen»

Arbeitsblatt «Gefühle vom Gesicht ablesen».

6 Achtsamkeitspause nach Wahl einfügen

Achtsames Atmen

Material
Achtsamkeitsübungen nach Wahl, Lieder von Denise Lier

- Stilleminute.
- Körperempfindung wahrnehmen und einzeichnen.
- Lied «Min Körper – Mis Huus».
- Sich schütteln wie ein Eisbär.

→ siehe Seite 32, Punkt 9 «Schluss».

7 Die Hand im Jin Shin Jyutsu

Einführung ins Thema, Einzelarbeit

Material
Forscherheft, Bilderbuch S. 19 und 47, Anhang 9 « Hintergründe von Jin Shin Jyutsu»

Alfonso gibt Binja den Tipp, sie solle den Mittelfinger halten.

- Hand von Jin Shin Jyutsu erklären: Gefühle haben Auswirkungen im Körper. Mit dem Halten der Finger können wir unsere Gefühle und den Körper beruhigen.

→

- SuS zeichnen ihre Hand ins Forscherheft und notieren die dazugehörenden Gefühle – siehe Bilderbuch S. 49.
  Es kann die ganze Hand erklärt und eingezeichnet werden. Jedesmal, wenn ein Gefühl besprochen wird, kann der jeweilige Finger eingefärbt, beschriftet und gehalten werden.

8 Binja-Geschichte weitererzählen – neues Gefühlsland kennenlernen

Vorlesen

Material
Vertiefungsmöglichkeiten Lerneinheit 6 «Ausführliche Behandlung weiterer Gefühle»

- Je nach persönlicher Vorliebe wird die Binja-Geschichte von Anfang bis Ende erzählt, wie sie im Bilderbuch erscheint, oder LP lässt die SuS eine Karte mit einem Gefühl ziehen oder LP wählt eine andere Vorgehensart.

- Siehe «Ausführliche Behandlung der weiteren Gefühle».

9 Schluss

Achtsames Atmen

Material
Klangschale, Lied «Min Körper – Mis Huus»

- Achtsames Atmen.
- Kinder können einen Finger ihrer Wahl wählen oder Entspannung zum Lied «Min Körper – Mis Huus».

Vertiefungsmöglichkeiten

- Tägliche Achtsamkeitspraxis in der Schule: Achtsamkeitsübungen, regelmässige Stillezeit. Damit dies gelingt, ist es hilfreich, die Stillezeit immer zum gleichen Zeitpunkt einzubauen.
- Zentralstrom aus dem Jin-Shin-Jyutsu-Programm.

Ausführliche Behandlung der weiteren Gefühle

Ethik, NMG
- Mein Körper
- Meine Gefühle

Sprache
- Aufsatz schreiben über ein eigenes Erlebnis.
- Liedstrophe zum Lied «I will au» dichten.

Bildnerisches Gestalten
- Nach Musik Gefühlsbilder malen.
- Mutstein gestalten.

Je nachdem, wie viel Zeit zur Verfügung steht, kann das Thema «Gefühle» ausführlich behandelt werden oder die Geschichte wird weitererzählt, ohne die Gefühle vertieft zu explorieren. Grundsätzlich ist es den SuS ein Bedürfnis, über ihre Gefühle und was sie in ihnen auslösen zu sprechen. Es ist eine Erleichterung, wenn sie entdecken, dass alle Menschen Gefühle haben und was diese uns zeigen möchten. Deshalb empfehle ich, allen Gefühlen, die in der Binja-Geschichte vorkommen, einen Raum zu geben. Das achtsame Atmen als Hauptressource soll weiterhin täglich im Unterricht eingebaut werden.

Anhand des Gefühls Wut werden die Abläufe im Gehirn ausführlich erklärt. Dieses Wissen hilft zu verstehen, und dies entschuldet. SuS sind nicht mehr das «aggressive Kind» oder die «Wut», ihr Verhalten hat einen Grund, und es gibt Möglichkeiten, neue Erfahrungen im Leben zu machen.

Anregungen für die Behandlung der Seiten 20–33 im Bilderbuch

- Farbige Gefühlskarten – mit den gleichen Farben wie im Bilderbuch.
- Eine Schülerin oder ein Schüler darf eine Karte wählen. Das entsprechende Gefühl wird genauer untersucht.
- Dabei ist es wichtig, dass die Kinder das **Gefühl benennen** können und dazu die entsprechende **Körperempfindung** erkennen.
- Sie wissen, dass der Atem sie zurück in die Ruhe bringt – «**Stopp, atme!**» und dass in der Ruhe neue **Ressourcen** zu finden sind. Binja findet den Mutstein beim Thema Angst (S. 26–27), den inneren Tierfreund beim Thema Trauer (S. 28–29) und die Erkenntnis, was sie selbst gut kann beim Thema Eifersucht (S. 30–33). Dazu gibt es bei den Achtsamkeitsübungen eine entsprechende innere Reise.

Materialien und Ideen zum Explorieren der Gefühle

- Lieder von Denise Lier: Mit diesen wird die Qualität des Gefühllandes erfahrbar.
- Geschichte von Binja erzählen oder selbst lesen lassen.
- Klassen- oder Partnergespräch: Wann erlebt ihr dieses Gefühl? Wo im Körper wird dieses Gefühl erfahrbar? Immer wieder die Körperempfindung in einem Körperbild einzeichnen lassen. Wenn die SuS lernen, ihren Körper als «Thermometer» für ihre emotionale Befindlichkeit wahrzunehmen, haben sie die Möglichkeit, bereits vor einem Gefühlsausbruch Unterstützung zu holen oder so zu handeln, dass es gar nicht zu einem Gefühlsausbruch kommen muss.
- Arbeitsblatt «Gefühle im Kopf»: Eine eigene Bildergeschichte zu diesem Gefühl zeichnen lassen oder einen Comic herstellen oder eine Geschichte schreiben ...
- Bild malen, das zu diesem Gefühl passt.
- Theater: Was für eine Geschichte könnte zu einem solchen Gefühl gehören? Was für eine Geschichte hilft aus diesem Gefühl heraus?
- Ressourcen: Achtsames Atmen, Ressourcenbaum mit Tipps, Ressourcenschachtel mit Ideen, wie man aus dem Gefühlschaos wieder herausfindet etc.

Am Schluss jeder Lektion einen bewusst positiven Abschluss wählen: eine innere Reise, eine Achtsamkeitsübung, eine Bewegung etc.

Werkstatt für die Gefühlsländer

- Für jedes Gefühl eine Arbeitskiste entsprechend der Farbe der Gefühlsländer bereitstellen.

Mögliche Arbeitsaufträge

- Höre dir das Lied an: Wie heisst das Gefühl, von dem das Lied handelt?
- Wo spürst du das Gefühl in deinem Körper? Körperbilder richten.
- Zeichne, beschreibe eine Situation, in der du dieses Gefühl auch schon hattest.
- Was hilft dir, um aus diesem Gefühlsland wieder herauszufinden?

Partnerarbeit:

- Denkt euch zu zweit eine Geschichte aus, in der dieses Gefühl vorkommt.
- Sucht eine Lösung für diese Situation.
- Die Arbeitsaufträge ins Forscherheft eintragen lassen.

Zyklus 1
Gedanken, Gefühle, Ressourcen, Körperbewusstsein, Ich & Du

7. Lerneinheit: Kraft der Gedanken, Zyklus 1

Inhalte
- Gedanken und Gefühle bestimmen deine Welt
- Vergleich mit den Fernsehsendern und/oder dem Wetter
- Stärkende Gedanken können Gutes bewirken – für dich und für andere

Ziele
- SuS verstehen, dass Gedanken und Gefühle das Leben bestimmen.
- SuS kennen Gedanken, die sie einschränken.
- SuS kennen hilfreiche Gedanken, mit denen sie ihr Leben besser bewältigen können und sie kennen das gute Gefühl dazu.

Materialien
- Binja-Bilderbuch S. 34–38
- Klangschale
- Forscherheft
- Binja-Traumkugel
- Fernsehrahmen
- Emoji-Teller (bemalte Papierteller)
- Achtsamkeitsübung 8 «Gedanken beruhigen»
- Achtsamkeitsübung 10 «Lichtmeditation: Gute Gedanken und Gefühle senden»
- «Die Antwort des Wassers» von Masaru Emoto
- Anhang 10 Bericht «Trauben beschallen»

Zeitbedarf
Eine bis zwei Lektionen

Achtsames Atmen

Material
Klangschale

1 Achtsames Atmen
- Einmal wie gewohnt durchführen.

Klassengespräch

Material
Binja-Traumkugel

2 Gedanken im Kopf
- Binja-Traumkugel umkehren.
- Vergleich mit unseren Gedanken, die oft im Kopf herumschwirren. Ein richtiger Gedankensturm.
- Austausch in der Klasse oder als Partnerarbeit: Wie geht es euch, wenn die Gedanken so im Kopf herumwirbeln?

Klassengespräch

Material
Klangschale, Achtsamkeitsübung 8 «Gedanken beruhigen»

3 Hilfe bei Gedankensturm – achtsames Atmen
Was könnte man tun, wenn zu viele Gedanken im Kopf sind?
→ Achtsam atmen.

- Mit SuS achtsam atmen.

4 Erkenntnis

Klassengespräch

- Nachfragen, ob die Kinder noch etwas gedacht haben.

Sie erkennen: Gedanken gehen nicht einfach weg, (den Schnee der Traumkugel sieht man noch) aber ich kann mich mit dem Atem wieder in die Ruhe bringen.

5 Unterstützende Gedanken, lähmende Gedanken

Klassengespräch

Material
Emoji-Teller: Auf einem Papierteller die Emotionsbilder aufzeichnen in den Binja-Farben der entsprechenden Gefühlsländer. Alternative: fertige Emoji-Bilder.

- Klassengespräch: Was für Gedanken habt ihr manchmal?

- SuS erzählen von ihren Gedanken und zeigen auf den Emoji-Teller, ob dies ein hilfreicher oder ein lähmender Gedanke ist, ob es ihnen gut geht mit diesem Gedanken oder schlecht.

6 Binja-Bilderbuch

Vorlesen

Material
Bilderbuch S. 37

Wissensvermittlung durch Alfonso, Bilderbuch S. 37.

- Vergleich mit den Fernsehsendern, gemeinsam lesen oder erzählen.

7 Spiel: Gefühle als Wetterbericht

Spielen

Material
Fernsehrahmen aus Karton gebastelt, Wetterbilder, Emoji-Bilder

Es benötigt drei Rollen:
- Fernsehsprecher
- Emoji-Anzeiger
- Pantomime

- Das Kind, das den Fernsehsprecher spielt, hält seinen Kopf durch einen Fernsehrahmen und spricht Wetterberichtsätze: «Heute scheint die Sonne, heute blitzt und stürmt es, heute ist es neblig ...»

- Der «Emoji-Anzeiger» zeigt auf das entsprechende Emoji-Bild, das zum Wetterbericht passt.

- Das dritte Kind stellt in einer Pantomime das Gefühl, den inneren Wetterbericht, dar.

- Die Klasse errät das Wort zum entsprechenden Gefühl.

Spielen

8 Spielvariante: Auswirkungen von Aussagen

(eventuell in einer nächsten Lektion)

Was für Gefühle lösen Sätze von anderen Menschen in uns aus?

- LP fragt: Wie geht es euch, wenn ich so zu euch spreche?
  Macht ein entsprechendes Gesicht.
  Zum Beispiel:
  - Du siehst schön aus.
  - Das kannst du.
  - Morgen hast du Geburtstag.
  - Ich mag dich.
  - Dummkopf.
  - Mit dir verlieren wir immer.
  - ...

Einführung ins Thema

Material
Masaru Emoto
«Die Antwort des Wassers»

9 Bilder von Masaru Emoto

Wörter lösen in uns Gefühle aus und haben eine Wirkung in unserem Körper. Masaru Emoto entwickelte eine Methode, mit der er Wasserkristalle fotografieren konnte. Er zeigt auf eindrückliche Weise, wie sich die Form der Kristalle je nach Sprachbotschaft verändern.

Vorlesen, Klassengespräch

Material
Anhang 10 Bericht «Trauben beschallen», Masaru Emoto «Die Antwort des Wassers»

10 Gute Gedanken können etwas bewirken

Man kann anderen Menschen gute Gedanken schicken.

- Geschichte «Winzerin beschallt die Trauben» erzählen.

- Austausch: Woran erinnert euch das?

- Beispiele sammeln: Singen beruhigt die Babys – uns auch. Einige Menschen arbeiten besser mit Musik, andere ohne – wie ist das bei euch? Musik in den Warenhäusern.

- Bilder von Wasserkristallen aus dem Buch «Die Antwort des Wassers» von Masaru Emoto zeigen.

Klassengespräch

11 Gute Gedanken schicken, Anwendung

Wir können gute Gedanken für andere Lebewesen nutzen.

Übung: Denkt an einen Menschen, dem ihr einen guten Gedanken schicken möchtet. Welchen Gedanken möchtet ihr ihm schicken?
- Beispiele sammeln: Ich wünsche dir, dass du gesund bist, dass es dir gut geht ...
- Erwähnen: Zum Gedanken gehört auch ein gutes Gefühl – aus dem Herzen heraus.

Innere Reise

Material
Meditationsmusik, ruhige Musik, Achtsamkeitsübung 10 «Lichtmeditation: Gute Gedanken und Gefühle senden»

12 Achtsamkeitsübung

Achtsamkeitsübung 10 «Lichtmeditation: Gute Gedanken und Gefühle senden», eventuell mit Meditationsmusik.

Vertiefungsmöglichkeiten

- Tägliche Achtsamkeitspraxis: atmen; gute Gedanken pflegen.
- Weiterführende Gespräche: Können gute Gedanken in Konfliktsituationen unterstützen? Wie?
- Mandalas frei zeichnen analog zu den Wasserkristallen. Wie sieht mein guter Gedanke aus?
- Wie beeinflusst uns Musik? Malen zu verschiedenen Musikstilen.
- Schlussrunde am Ende des Schulmorgens pflegen: Was ist mir heute gut gelungen?
- Alternative: Was war heute schwer wie ein Stein? Was war schön, kostbar wie ein Diamant?
- Wochenrückblick: Was war der Höhepunkt der Woche? Wieder bewusst den Fokus auf das Gelungene setzen. Das verändert die Verbindungen im Gehirn.

Zyklus 2
Gedanken, Gefühle, Ressourcen, Körperbewusstsein, Ich & Du

7. Lerneinheit: Kraft der Gedanken, Zyklus 2

Inhalte
- Gedanken und Gefühle bestimmen deine Welt
- Vergleich mit Fernsehsendern: Du hast die Wahl, wie du mit Gefühlen umgehen willst
- Stärkende Gedanken können Gutes bewirken – für dich und für andere
- Motivation
- Binja-Bilderbuch S. 37–38

Ziele
- SuS verstehen, dass Gedanken und Gefühle das Leben bestimmen.
- SuS kennen Gedanken, die sie einschränken.
- SuS kennen hilfreiche Gedanken, mit denen sie ihr Leben besser bewältigen können.
- SuS kennen mindestens einen Gedanken/eine Affirmation, um sich für eine entsprechende Situation motivieren zu können.

Materialien
- Binja-Bilderbuch S. 36–38
- Klangschale
- Forscherheft
- Zettel für Gedanken
- Kopiervorlage 13 «Meine Gedanken beobachten, Zyklus 2»
- Kopiervorlage 14 «Motivation, Zyklus 2»
- Achtsamkeitsübung 7 « Gedanken erforschen, Zyklus 2»
- Achtsamkeitsübung 8 «Gedanken beruhigen»
- Achtsamkeitsübung 10 «Lichtmeditation: Gute Gedanken und Gefühle senden»
- «Die Antwort des Wassers» von Masaru Emoto
- Wasserklangbilder von Alexander Lauterwasser – Filme auf Youtube
- Anhang 10 Bericht «Trauben beschallen»

Zeitbedarf
Eine bis zwei Lektionen

1 Achtsames Atmen

Achtsames Atmen

Material
Klangschale, Papierstreifen

- Einmal wie gewohnt durchführen.
- Zweite Durchführung mit folgendem Auftrag: Wir erforschen die Gedanken. Wenn die Klangschale erklingt, schreibst du die Gedanken auf die Zettel, die vor dir auf dem Pult liegen. Für jeden Gedanken verwendest du einen neuen Papierstreifen.
- Am Schluss alle Papierstreifen einsammeln.

2 Unterscheidung von hilfreichen und abwertenden Gedanken

Klassengespräch

Material
von SuS beschriftete Papierstreifen

- LP liest die Gedanken vor.
- SuS entscheiden: Ist das ein Gedanke, der mich unterstützt oder einer, der mir nicht guttut?
- Papierstreifen auf dem Boden in die zwei oben genannten Kategorien sortieren.
- Klassengespräch: Was ist ein guter Gedanke?

3 Gedanken erforschen

Arbeitsauftrag erteilen, Achtsames Atmen, Einzelarbeit

Material
Achtsamkeitsübung 7 «Gedanken erforschen, Zyklus 2», Kopiervorlage 13 «Meine Gedanken beobachten, Zyklus 2»

- Als zusätzliche Variante können die SuS ihre Gedanken mit der Achtsamkeitsübung 7 «Gedanken erforschen, Zyklus 2» und der Kopiervorlage 13 «Meine Gedanken beobachten, Zyklus 2» erforschen.

Dies kann auch zu einem späteren Zeitpunkt erfolgen.

4 Wissensvermittlung

Einführung ins Thema

- Lehrgespräch: Beeinflussung unserer Gedanken.

Wir haben pro Tag 60 000 bis 70 000 Gedanken. Sie beeinflussen unser Wohlsein.

5 Gedankensturm

Partnergespräch

Material
Binja-Traumkugel

- Binja-Traumkugel umkehren.
  So sieht es manchmal in unseren Köpfen aus. Kennt ihr das auch, einen richtigen Gedankensturm?

- Austausch in der Klasse oder als Partnerarbeit.
  Was hilft, um wieder in die Ruhe zu kommen?
  → Das achtsame Atmen.

6 Achtsamkeitsübung zur Traumkugel

Achtsames Atmen

Material
Achtsamkeitsübung 8 «Gedanken beruhigen»

- SuS beobachten den Schnee in der Traumkugel und atmen gleichzeitig.

- So ruhig und langsam wie sich der Schnee auf den Boden der Traumkugel senkt, so beruhigen sich mit dem Atmen die Gedanken und Gefühle.

7 Erforschen der Gedanken

Gruppenarbeit, Klassengespräch

Material
Buch von Masaru Emoto «Die Antwort des Wassers», Bd. 1 und 2

SuS werden sich ihrer Gedanken bei den unterschiedlichen Gefühlen bewusst.

- In Gruppen erforschen sie, welche Gedanken sie
  - bei Wut
  - bei Angst
  - bei Trauer
  - bei Eifersucht
  - bei Ohnmacht

  haben.

Beispiele: Der andere ist Schuld – er hat mich so blöd angeschaut, da ist sicher jemand Gefährlicher im Raum, Papa hat mich nicht mehr lieb, das kann ich nun nie mehr sehen ...

→

- In der Klasse die Gedanken zusammentragen und sich der Absolutheit dieser Gedanken bewusst werden – stimmt das?
- Anhand der Bilder von Masaru Emoto zeigen, wie diese Gedanken unsere Befindlichkeit beeinflussen.

8 Arbeitsblätter Motivation, Motivationsspirale

Einzelarbeit

Material
Kopiervorlagen 14 «Motivation, Zyklus 2»

- Vertiefung des Gehörten, Einzelarbeit.
- Was für ein Gefühl lösen diese Gedanken aus? – Auf dem Arbeitsblatt eintragen.

9 Vertiefung Motivation Partnerarbeit

Partnerarbeit, Einzelarbeit

Material
Kopiervorlage 13 «Meine Gedanken beobachten, Zyklus 2»

Welcher gute Gedanke würde mich im Moment stärken? Eventuell für ein bestimmtes Ziel in der Schule?

- Notieren auf Arbeitsblatt «Meine Gedanken beobachten».

Gibt es einen unterstützenden Satz für die ganze Klasse?

10 Binja-Bilderbuch S. 36–38

Vorlesen

Material
Bilderbuch S. 36–38

- Geschichte weitererzählen, vorlesen.

11 Herstellung eines «Ich kann»-Wassers

Gestalten

Material
Notizzettel, Becher, Wasser, Flasche

- SuS notieren sich den unterstützenden Satz auf einen Zettel und stellen ein Wasserglas darauf oder kreieren eine «Ich kann»-Flasche.

12 Wissensvermittlung

Vorlesen, Klassengespräch

Material
Anhang 10 Bericht «Trauben beschallen», Masaru Emoto «Wasserkristalle», Alexander Lauterwasser: Wasserklangbilder auf Youtube

Man kann gute Gedanken auch anderen Menschen schicken.

- Geschichte «Winzerin beschallt die Trauben» erzählen.
- Austausch: Woran erinnert euch das?
  - Singen beruhigt die Babys – uns auch
  - Klangbilder von Masaru Emoto zeigen
  - gute Musik macht fröhlich
  - Musik im Kaufhaus
  - lernen mit Musik

Klassengespräch

13 Klassengespräch

Wie können wir gute Gedanken für andere Lebewesen nutzen?

Übung: Denkt an einen Menschen, dem ihr einen guten Gedanken schicken möchtet. Welchen Gedanken möchtet ihr ihm schicken?

- Beispiele: Ich wünsche dir, dass du gesund bist, dass es dir gut geht ...
- Erwähnen: Zum Gedanken gehört auch ein gutes Gefühl – aus dem Herzen heraus.

Innere Reise

Material
Meditationsmusik, Achtsamkeitsübung 10 «Lichtmeditation: Gute Gedanken und Gefühle senden»

14 Achtsamkeitsübung

Achtsamkeitsübung 10 «Lichtmeditation: Gute Gedanken und Gefühle senden», eventuell mit Meditationsmusik.

Vertiefungsmöglichkeiten

- Tägliche Achtsamkeitspraxis: atmen; gute Gedanken pflegen.
- Weiterführende Gespräche: Können gute Gedanken in Konfliktsituationen unterstützen? Wie?
- Mandalas frei zeichnen, analog zu den Wasserkristallen. Wie sieht mein guter Gedanke aus?
- Schlussrunde am Ende des Schulmorgens/Schultages: Was gelang mit heute gut? Bewusst machen, was gelungen ist.
- Wochenrückblick: Was war der Höhepunkt der Woche? Wieder bewusst den Fokus auf das Gelungene setzen – das verändert die neurologischen Verbindungen im Gehirn.

Zyklus 1 und 2
Achtsames Atmen, Gedanken, Gefühle, Ressourcen, Körperbewusstsein

8. Lerneinheit: Glück

Inhalte
- Glücksgefühl als Körperempfindung
- Guter Platz im Körper finden

Ziele
- SuS kennen eine Tätigkeit, die sie glücklich macht.
- SuS können das Glücksgefühl in ihrem Körper wahrnehmen und die Körperempfindung dazu lokalisieren und benennen.
- SuS haben ein inneres Bild von ihrem Körperort des guten Gefühls.
- SuS wissen, wie sie zum guten Gefühl gelangen können.

Materialien
- Binja-Bilderbuch S. 39–44
- Klangschale
- Forscherheft
- Weisses Zeichenpapier
- Kleine Zettel für die SOS-Box
- Plakate für Placemat
- Achtsamkeitsübung 9 «Innere Reise zum Wohlfühlort»
- Lieder von Denise Lier
- Ruhige Musik

Zeitbedarf
Eine bis zwei Lektionen

Achtsames Atmen

Material
Klangschale

1 Achtsames Atmen

Erinnern: Wenn ein Gedanke aufsteigt, bemerken und mit dem Körperanker zurück zum Atmen gelangen.

Vorlesen

Material
Bilderbuch S. 39–40

2 Binja-Geschichte weitererzählen

Die Geschichte erzählt, wie Binja ihre Glücksgefühle im Körper wahrnimmt.

- Zusammen mit Binja entdecken die SuS den Körperort der Glücksgefühle.

Einführung ins Thema, Partnerarbeit, Einzelarbeit

Material
Klangschale, Kopiervorlage 1 «Körperumrisse»

3 Thema Glück

- Glücksgesicht von Binja liegt in der Mitte des Kreises.
- Verschiedene Gesprächsimpulse mit der Methode des achtsamen Zuhörens (Lektion 2) durchführen:
  1. Wann seid ihr glücklich?
  2. Erinnerung an das gute Gefühl der ersten Lektion. Was macht dich glücklich? Ist das immer noch so, oder gibt es mittlerweile eine neue glückliche Situation?

Vertiefung: Im Körperbild den Ort des guten Gefühls einzeichnen lassen.

Vorlesen

Material
Bilderbuch S. 41–44

4 Binja-Geschichte fertig erzählen

Die SuS werden sich bewusst, dass man sich ins «Glücksgefühl fühlen kann» und dass alle Gefühle wichtig sind.

Einführung ins Thema, Klassengespräch

5 Persönlicher Wohlfühlort

Verbindung der Erlebnisse von Binja mit den eigenen. Binja fühlt sich glücklich, wenn sie im Wald auf dem Boden liegt. Kennst du auch einen Platz, an dem du dich wohlfühlst?

- Klassen- oder Partneraustausch.

Information: Einen schönen Ort kann man sich auch vorstellen – auch das löst Glücksgefühle aus. Lass dich überraschen, wohin dich die innere Reise, die wir jetzt machen, führt.

Achtsames Atmen

Material
Ruhige Musik, Achtsamkeitsübung 9 «Innere Reise zum Wohlführort»

6 Innere Reise zum Wohlfühlort

Mit dieser inneren Reise können die SuS ihren persönlichen Wohlfühlort gestalten. Es kann auch ein fiktiver Wohlfühlort sein.

- Vergleich zur Lerneinheit 1: Da ging es um ein reales Erlebnis, das zu einem guten Gefühl geführt hat. Hier geht es um die körperliche Verankerung eines sicheren Ortes, an dem SuS sich wohlfühlen.

Gestalten

Material
Schöne Musik, eventuell Lied «Min Körper – Mis Huus», Zeichenpapier, Forschertagebuch

7 Zeichnen des inneren Orts

- Zur Vertiefung des Erlebten zeichnen die SuS den inneren Ort, den sie auf ihrer inneren Reise gesehen, oder erfahren haben auf. Man kann diesen Ort auch kreativ gestalten lassen.

Gruppenarbeit, Klassengespräch

Material
Placematplakate mit den entsprechenden Fragen

8 Abschluss

Placemat: Fragen zum Thema achtsamer Umgang mit Gefühlen mit dem Arbeitsinstrument Placemat beantworten lassen.
Zusammen mit Binja hast du viel gelernt über dich, über die Gefühle und über das Thema Achtsamkeit.

1. Frage
Welcher Tipp unterstützt dich am meisten, wenn du dich in einem Gefühlsland verloren hast?

2. Frage
Was würdest du einem guten Freund raten, wenn dieser oft wütend, traurig, hilflos … wird?

→

3. Frage
Was kannst du gut und was gefällt dir an dir?

4. Frage
Was hat dir an der Geschichte am besten gefallen?

5. Frage
Weisst du noch, wie das Gehirn auf Stress reagiert?

- In der Klasse die Antworten sammeln und besprechen.

- Abmachung, wie das Thema Achtsamkeit in der Klasse weiter praktiziert wird.

Einzelarbeit

Material
Lied «Du bisch Du», Forscherheft, Zettel ...

9 Schlusslied «Du bisch Du»

- Lied hören.

- Die SuS erhalten Zeit, das was ihnen wichtig ist, in ihrem Forscherheft zu notieren, eine Zeichnung (Grundstufe) zu machen oder kleine Zettel mit ihren erinnerten Impulsen für die SOS-Box zu notieren.

Placemat, Durchführung

- Die Kinder in so viele Gruppen einteilen, wie es Fragen gibt.
- Eine geeignete Grösse ist eine Vierer- oder Fünfergruppe.
- Jede Gruppe erhält ein Plakat.
- In der Mitte des Plakats steht eine Frage.
- Die Gruppe bestimmt einen Gruppenleiter oder eine Gruppenleiterin. Diese/r wird beim Plakat sitzenbleiben.
- Die Kinder lesen die Frage und notieren zusammen Antworten auf dem Plakat.
- Nach etwa fünf Minuten wechseln die Gruppenmitglieder zum nächsten Gruppenleiter. Dieser fasst die Antworten der vorherigen Gruppen zusammen. Die neue Gruppe ergänzt die Antworten.
- So hat jedes Kind in der Gruppe alle Fragen beantwortet.
- Am Schluss stellen die Gruppenleiter die Plakate mit allen Antworten der Klasse vor.

Vertiefungsmöglichkeiten

- Tägliche/wöchentliche/monatliche Achtsamkeitspraxis.
- Weiterhin tägliche Stilleminuten einbauen.
- Weiterhin regelmässig auf den Körperbildern die körperliche Befindlichkeit im angesprochenen Moment eintragen.
- Immer wieder persönliche Ziele für Lernverhalten, soziale Kompetenzen, schulische Ziele festhalten – dabei auf die positive Affirmation und das dazugehörende Gefühl achten.

Bewegung und Sport

- Tanzen von Gefühlen anhand verschiedener Musikstile.
- «Schütteln» des Körpers zu afrikanischer Trommelmusik, anschliessend liegen die SuS auf den Boden, erholen sich zu ruhiger Musik und geniessen die Stille (z. B. zum Atemsong «Min Körper – Mis Huus»).

Bildnerisches Gestalten

- Sitzkissen für den Unterricht gestalten – für die inneren Reisen und/oder für die Achtsamkeitsübungen.
- Ressourcen/Glücksbox gestalten.
- Gefühlsbilder malen – malen zu verschiedenen Musikstilen.

Sprache

- Geschichten zu Situationen, die Gefühle hervorrufen, schreiben lassen: z. B. «Das war eine schöne Überraschung», «Wut», «Angst», «Glück» etc.
- Zum Lied «I will au!» von Denise Lier persönliche Gedichtstrophen verfassen.
- Klassentagebuch führen: gute Erlebnisse, das hat mir gefallen ...

Ethik

- Auseinandersetzung mit existenziellen Grunderfahrungen: Wer bin ich? **Tipp:** Bilderbuch «Das kleine Ich bin ich», Mira Lobe.
- Stärken und Schwächen?
- Welche Rolle übernehme ich in Gruppen? Was kann ich zu einem guten Klassenklima beitragen?
- Mitgefühl für mich und andere entwickeln. Welche Haltungen und Handlungen unterstützen?
  Tipp: «Der Regenbogenfisch», «Der Regebogenfisch kehrt zurück», Marcus Pfister, Nord Süd-Verlag.

Nachwort

«Du kannst dir nicht aussuchen, was in deinem Leben passiert. Aber du kannst immer entscheiden, wie du damit umgehst.»
Unbekannt

Nun konntest du erste Erfahrungen mit dem Binja-Achtsamkeitstraining in deiner Klasse machen. Vielleicht möchtest du kurz innehalten und reflektieren. Was bemerkst du in deiner Klasse? Hat sich etwas verändert? Wie geht es dir?
Ich hoffe, du konntest erfahren, dass sich das Klassenklima und die Lernatmosphäre verändert haben. Sicher ist dir bewusst, dass diese Unterrichtseinheit erst der Anfang ist. Ein Beginn einer grossen neuen Bewegung, die sich auf der ganzen Welt ausbreitet. Eine Bewegung, die jeden einzelnen motiviert, sich immer wieder Augenblicke der Stille zu gönnen. In der Stille können wir regenerieren und auftanken. Stille ist die Kraft, die Leben schenkt.
Das Leben bietet uns immer wieder neue Herausforderungen. Aber wir erhalten durch das Einüben von Achtsamkeit ein Werkzeug, das uns anleitet innezuhalten und zur Ruhe zu kommen. In der Ruhe können wir das Kraftvolle erkennen. Wir können entscheiden, wie wir angemessen mit den Situationen umgehen möchten: Sehen wir die Geschenke oder das Drama?
Du hast mit diesem Training deinen Schülerinnen und Schülern eine Möglichkeit gegeben, neue Sichtweisen einzuüben. Das ist grandios.
Es freut mich, wenn du realisieren konntest, dass eine gelebte Achtsamkeitspraxis tiefgreifende positive Veränderungen möglich macht und du deshalb bereit bist, mit dir und den Schülerinnen und Schülern ein Teil der Achtsamkeitsbewegung zu werden.
Auf der Binja-Webseite wirst du immer wieder neue Anregungen, Materialien und Kurse finden, die dich auf deinem persönlichen achtsamen Weg und bei der Begleitung deiner Klasse unterstützen.

Natürlich freue ich mich auch über Rückmeldungen.

Herzliche Grüsse
Ruth Monstein

ANHÄNGE

Anhang 1
Lösungsblatt zur Kopiervorlage 2 «Mein Atem»

Nimm zwei grosse, tiefe Atemzüge.
Nimm wahr, was in deinem Körper geschieht.

Beschreibe es: ______________________________

____

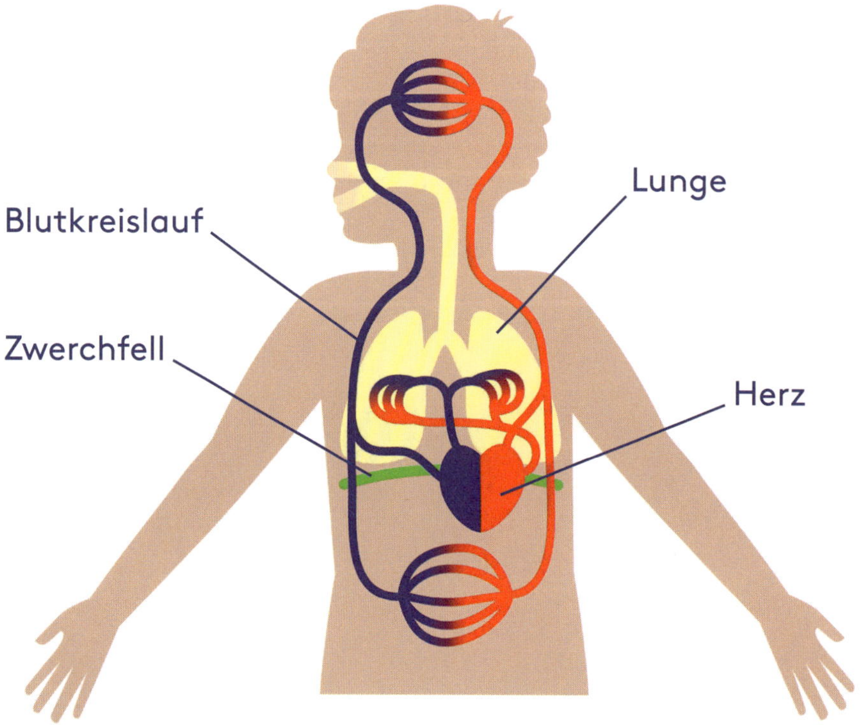

Hier siehst du, wie der Atem den Sauerstoff über die Blutbahnen im Körper verteilt. Wir benötigen den Atem zum Leben.

Den Atem brauchen wir:

zum Leben

zum Denken

zum Bewegen

zum Verdauen

damit alle Organe funktionieren

damit das Herz das Blut in den Körper pumpt

Anhang 2
Positive Körperempfindungen

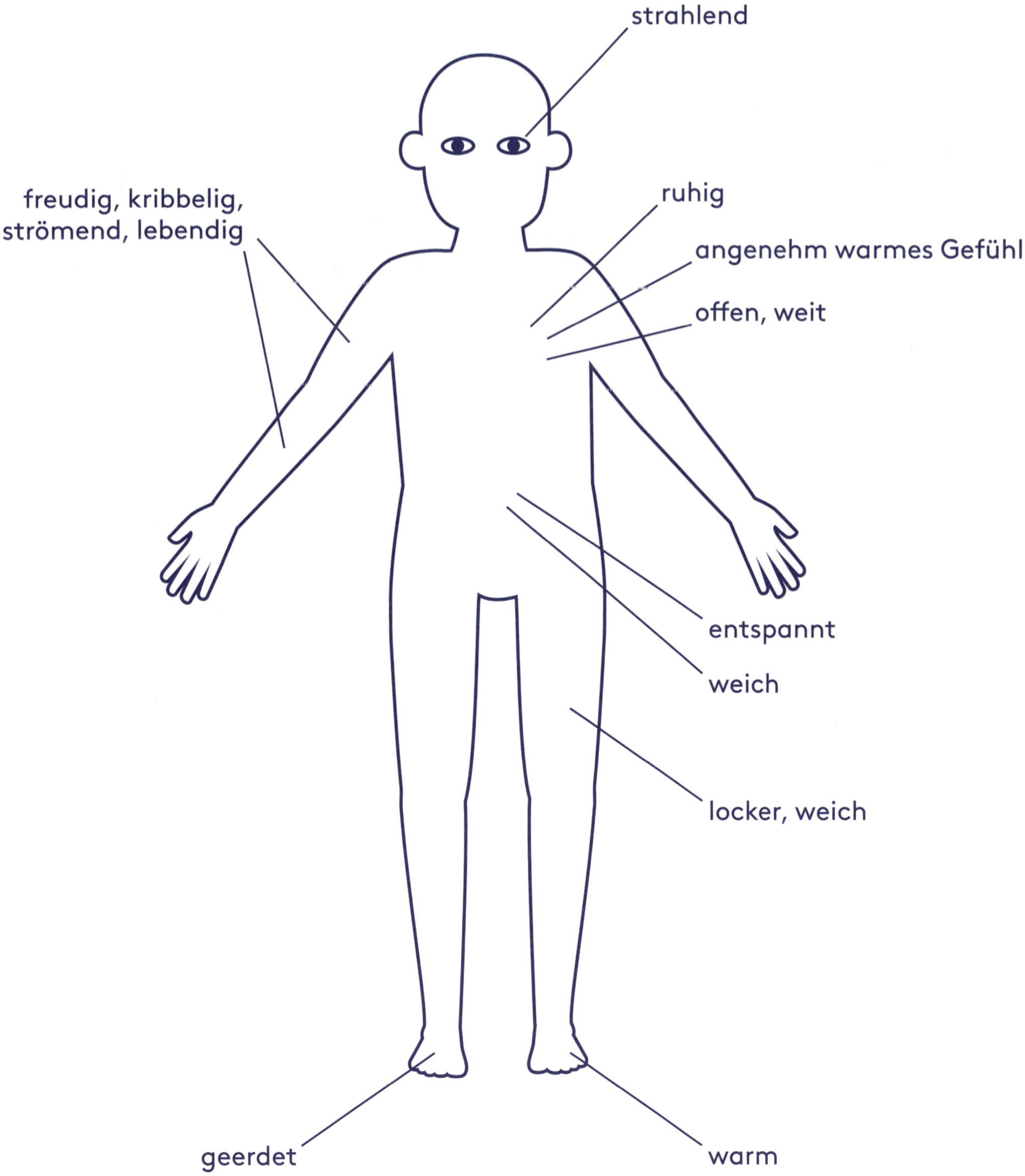

Anhang 3
Körperempfindungen bei heftigen Gefühlen

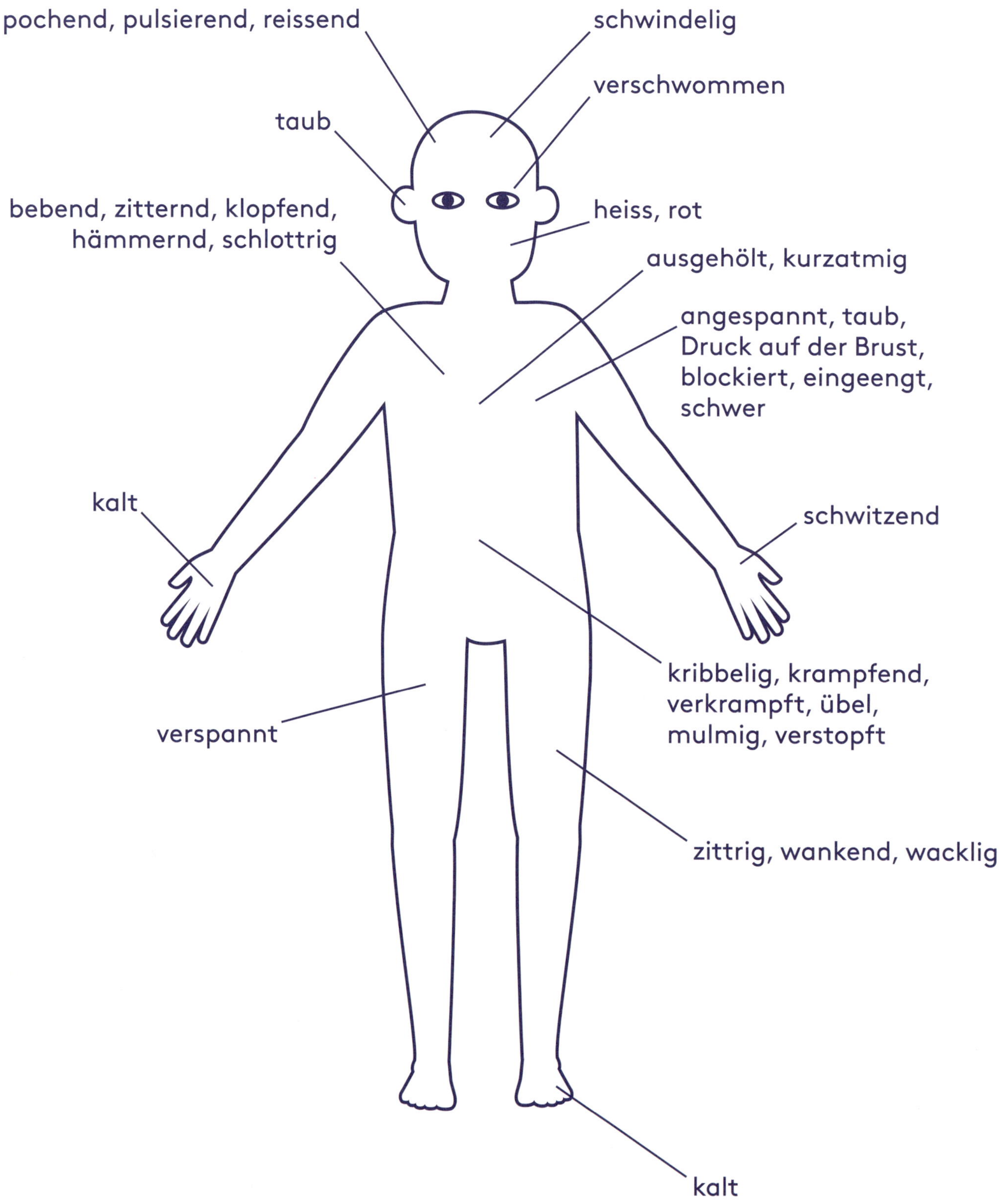

Anhang 4
Hintergrundwissen Gehirn zu den Lektionen 4 und 5

UNSER GEHIRN
Zusammenspiel Hirnstamm/Reptiliengehirn – limbisches System – Grosshirn

Die folgenden Ausführungen erklären sehr vereinfacht den Aufbau des Gehirns und das Zusammenwirken zwischen unseren Emotionen und dem bewussten Nachdenken über Situationen.

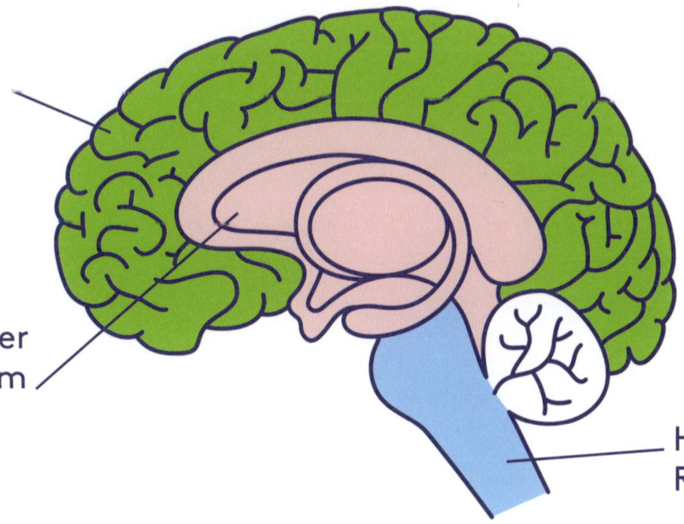

STAMMHIRN / REPTILIENGEHIRN
Im Verlauf der Evolution entwickelte sich das Gehirn ständig. Vor Millionen von Jahren entstand als erstes das **Stammhirn, auch Reptiliengehirn** genannt. Es reguliert alle lebenserhaltenden Funktionen wie den Herzschlag, die Atmung und den Temperaturausgleich.
Das Stammhirn (oder der Hirnstamm) kontrolliert auch das Energieniveau des Körpers und des Gehirns, indem es die Informationen des Körpers an das Gehirn weitergibt und umgekehrt. Im Stresszustand wird der Grossteil der Energie aus dem Grosshirn abgezogen und für das Überleben zur Verfügung gestellt. Denken ist in diesem Zustand nicht mehr möglich. Dies zu wissen, ist gerade in der Schule hilfreich. Es erklärt, warum Kinder, die mit starken Emotionen beschäftigt sind, keine Kapazität zum Lernen haben.

LIMBISCHES SYSTEM

Das **limbische System** liegt im Zwischenhirn eingebettet. Die Entwicklung dieses Hirnteils fand vor etwa 200 Millionen Jahren statt, als sich Säugetiere entwickelt haben. Man nennt es deshalb auch das Säugetiergehirn. Als Säugewesen sind wir darauf angewiesen, miteinander Bindungen einzugehen.
Im limbischen System werden die Grundtriebe und unsere emotionalen Erfahrungen gebildet und gespeichert. Unsere Begegnungen mit anderen Menschen werden bewertet. Von Geburt an erleben wir, wie zuerst Mutter und Vater und später andere Menschen mit uns in Beziehung treten. Diese Erfahrungen sind entscheidend dafür, wie wir einmal selber Beziehungen knüpfen können. Traumatische Erfahrungen – wenn unser limbisches System von Emotionen so überrollt wird, dass es diese nicht mehr einordnen kann und mit einer Grossausschüttung von Stresshormonen reagiert – sensibilisieren das limbische System so, dass es in Zukunft bereits bei einer geringen Erregung Stresshormone ausschüttet. Das limbische System arbeitet eng mit dem Stammhirn zusammen. Wichtige Teile im limbischen System sind die Amygdala und der Hippocampus.

AMYGDALA UND HIPPOCAMPUS

Die Amygdala ist ein Teil des limbischen Systems. Sie ist ein Sensor oder Wachturm für die Wahrnehmung der Sinneseindrücke. Sie entscheidet in Sekundenbruchteilen, ob die Wahrnehmung bedrohlich ist oder nicht. Vor allem für die Angst spielt sie eine zentrale Rolle.
Im Hippocampus, der mit der Amygdala verbunden ist, wird überprüft, ob mit den gewonnenen Eindrücken bereits Erfahrungen gemacht wurden, die man einordnen kann oder nicht. Wenn nicht, bedeutet das Stress. Sofort wird das Stammhirn mit seinen drei Überlebensstrategien – Flucht, Kampf oder Erstarrung (flight, fight, freeze) – aktiviert.

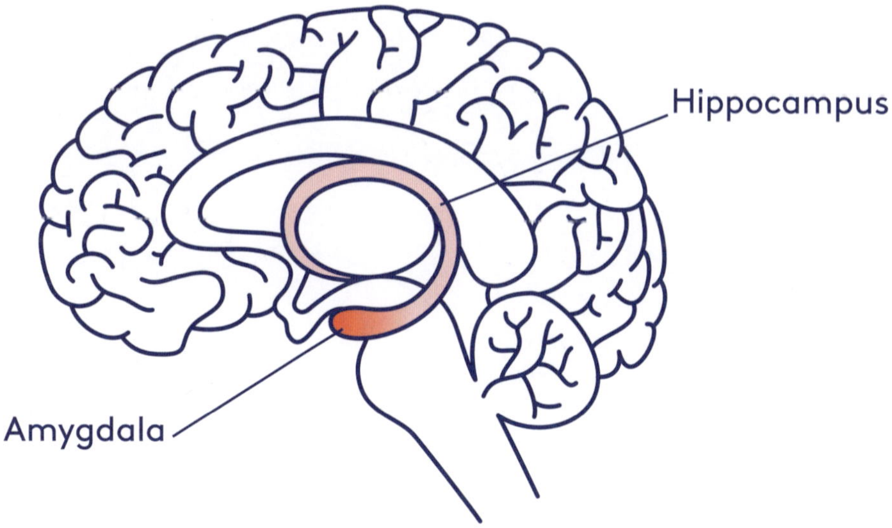

GROSSHIRN UND PRÄFRONTALKORTEX

Der Präfrontalkortex ist ein Teil des Grosshirns und hat sich zuletzt entwickelt. Er wird auch Frontalhirn genannt und befindet sich hinter der Stirn. Er ist das Zentrum, das uns erlaubt, Ideen und Vorstellungen zu haben und zu Einsichten zu gelangen. Hier können wir über unsere Erfahrungen reflektieren und diese als Erkenntnisse integrieren. Dies ist aber nur möglich, wenn sich unser gesamtes System in einem ausgeglichenen, ruhigen Zustand befindet.

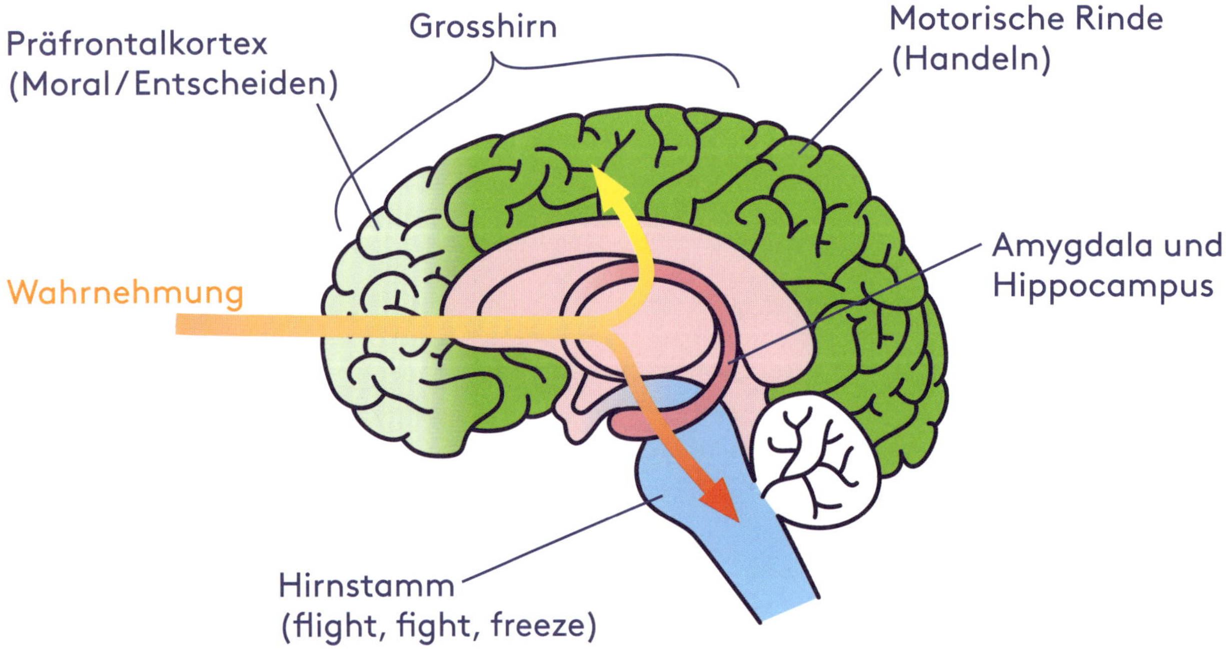

TOR ZUM BEWUSSTSEIN

Das achtsame Atmen hilft, das Nervensystem, das über den Hirnstamm eine direkte Wirkung auf das limbische System und die Körperorgane hat, zu beruhigen. Im entspannten Zustand werden die sensorischen Informationen an den Präfrontalkortex weitergeleitet. Wir können hier über unsere Erlebnisse nachdenken und sie neu in unserem System einordnen. Der Atem ermöglicht, dass der Durchgang durch das Tor des Bewusstseins geöffnet wird. Das Mentalisieren wird wieder möglich.

* weiterführende Informationen zum Gehirn findest du in «Mindsight», Daniel J. Siegel, Goldmannverlag, 2012, S. 104–128

Anhang 5
Gehirnmodell an einer Hand erklärt

nach Daniel J Siegel, «Mindsight», Verlag Goldmann 2012, S. 44

Daniel J. Siegel ist Professor für Psychiatrie an der School of Medicine der Universität in Los Angeles und Direktor des Mindsight-Institutes. Um seinen Klienten in einer verständlichen Sprache den Grund ihrer Gefühle und Beschwerden erklären zu können, entwickelte er das Modell des Gehirns an einer Hand. Dieses eignet sich auch, um Schulkindern das Zusammenspiel ihrer Emotionen aufzuzeigen. Sie können sich ihr Verhalten erklären, wenn sie erkennen, wie Emotionen zustande kommen und wie das Denken über Situationen im Gehirn funktioniert. Dies hilft, sie von der Schuld zu befreien; sie lernen, dass sie «nicht falsch» sind (sie sind nicht ihre Gefühle) und zeigt ihnen, dass es Möglichkeiten gibt, sich selbst zu regulieren. Sie sind ihren Gefühlen nicht mehr einfach ausgeliefert.
Das unten abgebildete Handmodell ist dem Buch «Mindsight» entnommen. In verdankenswerter Weise darf es hier verwendet werden. Auf den folgenden beiden Seiten (Anhang 6) hat der Illustrator Joël Roth das Wissen von Daniel J. Siegel mit den Bildern aus dem Binja-Bilderbuch verknüpft. Die Bilder finden sich auch in den Arbeitsmaterialien für die Schülerinnen und Schüler zum Kopieren.

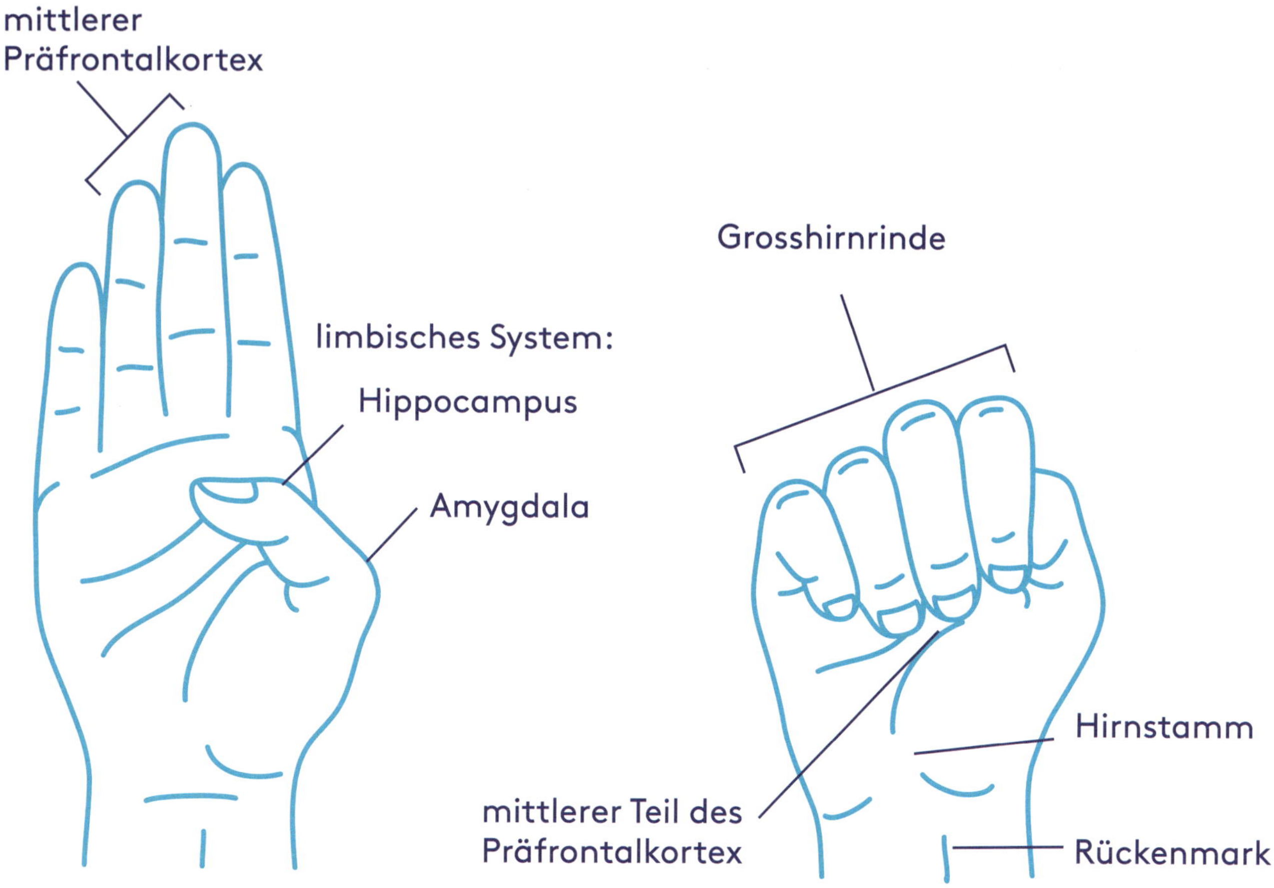

Anhang 6
Dein unteres und dein oberes Gehirn

nach Daniel J. Siegel & Tina Payne Bryson, «Achtsame Kommunikation mit Kindern», 2013, S. 91

oberes Gehirn

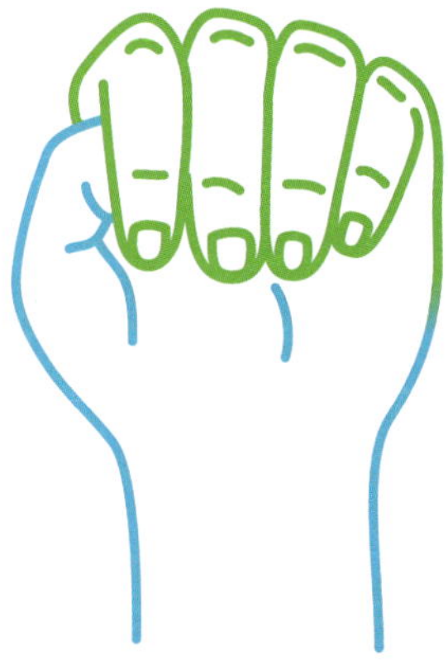

unteres Gehirn

1 Gehirn
Mach mit deiner Hand eine Faust. Das ist ein Handmodell deines Gehirns. Erinnerst du dich daran, dass du eine linke und rechte Hirnhälfte hast? Du hast auch ein oberes und ein unteres Gehirn.

2 oberes Gehirn
Im oberen Gehirn triffst du kluge Entscheidungen und handelst richtig, selbst wenn du wirklich wütend bist.

3 Daumen = Ort der Gefühle
Hebe nun deine Finger ein kleines bisschen: Siehst du, wo dein Daumen ist? Das ist ein Teil deines unteren Gehirns, und von dort kommen deine heftigen Gefühle. Es bringt dich dazu, dass du dich um andere Menschen kümmerst und Liebe spürst. Es macht dich aber auch wütend.

4 bewusst Gefühle erleben und handeln
Es ist völlig in Ordnung, wütend zu sein. Das ist normal, besonders dann, wenn dir dein oberes Gehirn hilft, dich zu beruhigen. Ein Beispiel: Schliesse deine Finger wieder. Siehst du, wie der obere, denkende Teil des Gehirns deinen Daumen berührt, damit es deinem unteren Gehirn helfen kann, seine Gefühle ruhig zum Ausdruck zu bringen?

5 ausrasten
Wenn wir sehr wütend werden, können wir manchmal richtig ausrasten. Strecke deine Finger so wie auf dem Bild. Siehst du, dass dein oberes Gehirn dein unteres Gehirn nicht mehr berührt? Das bedeutet, dass es dem unteren Gehirn nicht mehr helfen kann, ruhig zu bleiben.

Anhang 7
Anleitung zur Herstellung eines Gehirnmodells

(siehe Arbeitsblätter)

RECHTE UND LINKE HIRNHÄLFTE

In der vierten Lektion wird die Bedeutung der rechten und linken Hirnhälfte behandelt. Oft wissen die Mittelstufenkinder bereits, dass die Verbindung der linken und rechten Hirnseite, dem logischen Denken und der Integration der kreativen Fähigkeiten, wichtig für ein ganzheitliches Denken und Arbeiten ist.

Die Übungen aus dem Brain Gym haben in vielen Schulzimmern Einzug gehalten. Deshalb führe ich diese hier nicht weiter aus. Wer dazu weitere Informationen benötigt, kann viele Übungen auf Youtube finden.

Mit dem Wissen über den Aufbau des Gehirns und dem Erlernen der Fähigkeiten des Grosshirns, dem limbischen System und dem Stammhirn wissen die Schülerinnen und Schüler auch um die Bedeutung der Integration von oben und unten. Sie erkennen, dass nur durch die Integration der Gefühle und der Fähigkeit, diese regulieren zu können, eine ganzheitliche Integration möglich ist, die zur inneren Ruhe führt. Je mehr sich unsere Synapsen (Stellen von neuronalen Verknüpfungen, also dort, wo die Nervenzellen mit anderen Körperzellen kommunizieren) vielfältig miteinander verbinden können, umso mehr können wir unser Leben positiv, bewusst und lebendig gestalten. Die neuesten Erkenntnisse aus der Neurobiologie zeigen, dass es bis ins hohe Alter möglich ist, aus neuen Erfahrungen zu lernen und diese zu integrieren. Diese Fähigkeit bezeichnet man als Neuroplastizität.

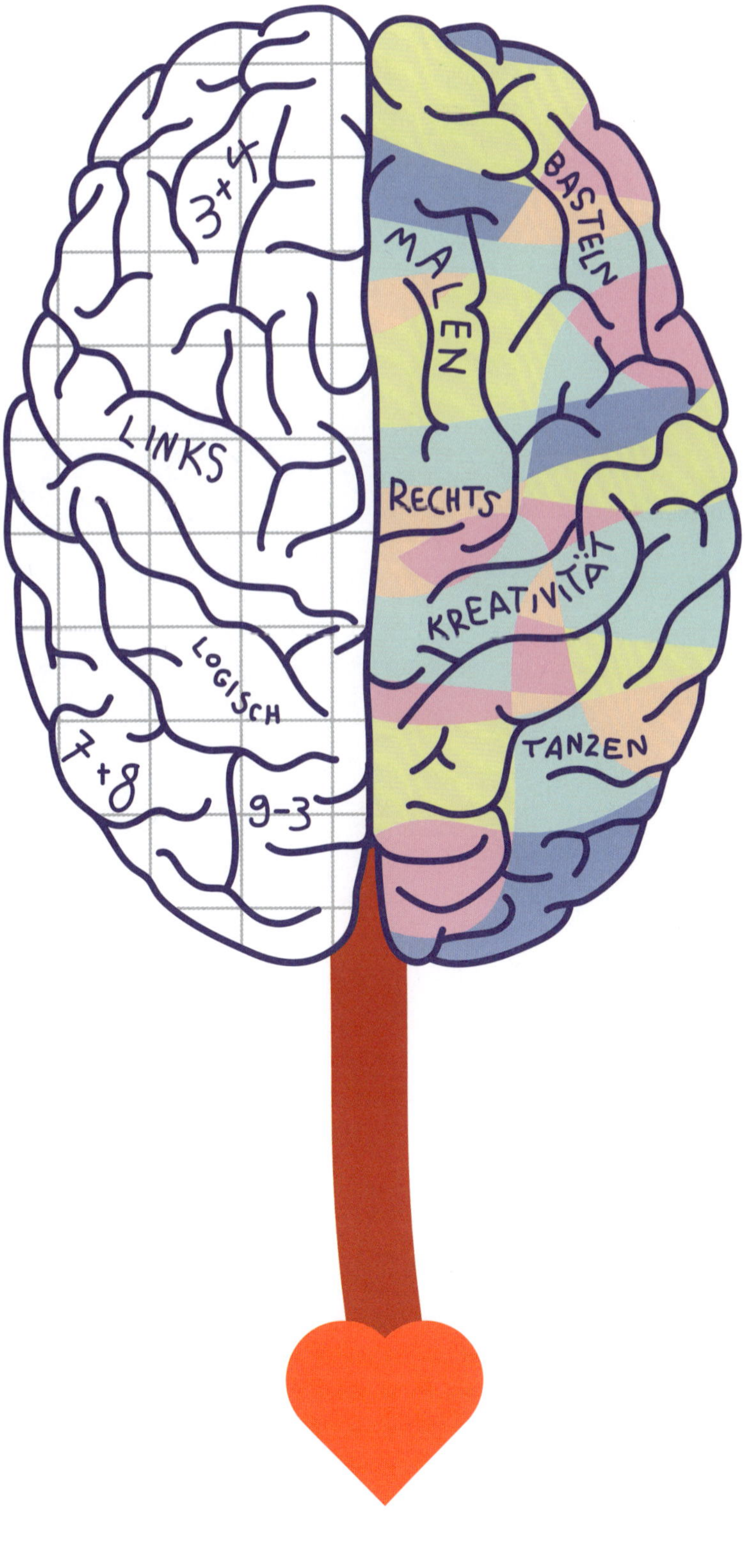
3+4
LINKS
LOGISCH
7+8
9-3
BASTELN
MALEN
RECHTS
KREATIVITÄT
TANZEN

BILD: SEITE 2 DER GEHIRNLANDSCHAFT

Nachdem die Schülerinnen und Schüler die Bedeutung der linken und rechten Seite des Gehirns kennengelernt haben, geht es nun darum zu entdecken, dass es im Gehirn auch eine Integration von oben und unten gibt. Das heisst, dass alle Teile des Gehirns miteinander in Verbindung sind. Den Kindern soll bewusst werden, dass durch das bewusste, achtsame Atmen das «Tor des Bewusstseins» geöffnet wird. Wie beschrieben, hilft das Atmen, das durch Emotionen erregte System so zu beruhigen, dass es möglich ist, wieder einen Zugang zum Präfrontalkortex zu erhalten, dort, wo über Ereignisse nachgedacht werden kann.

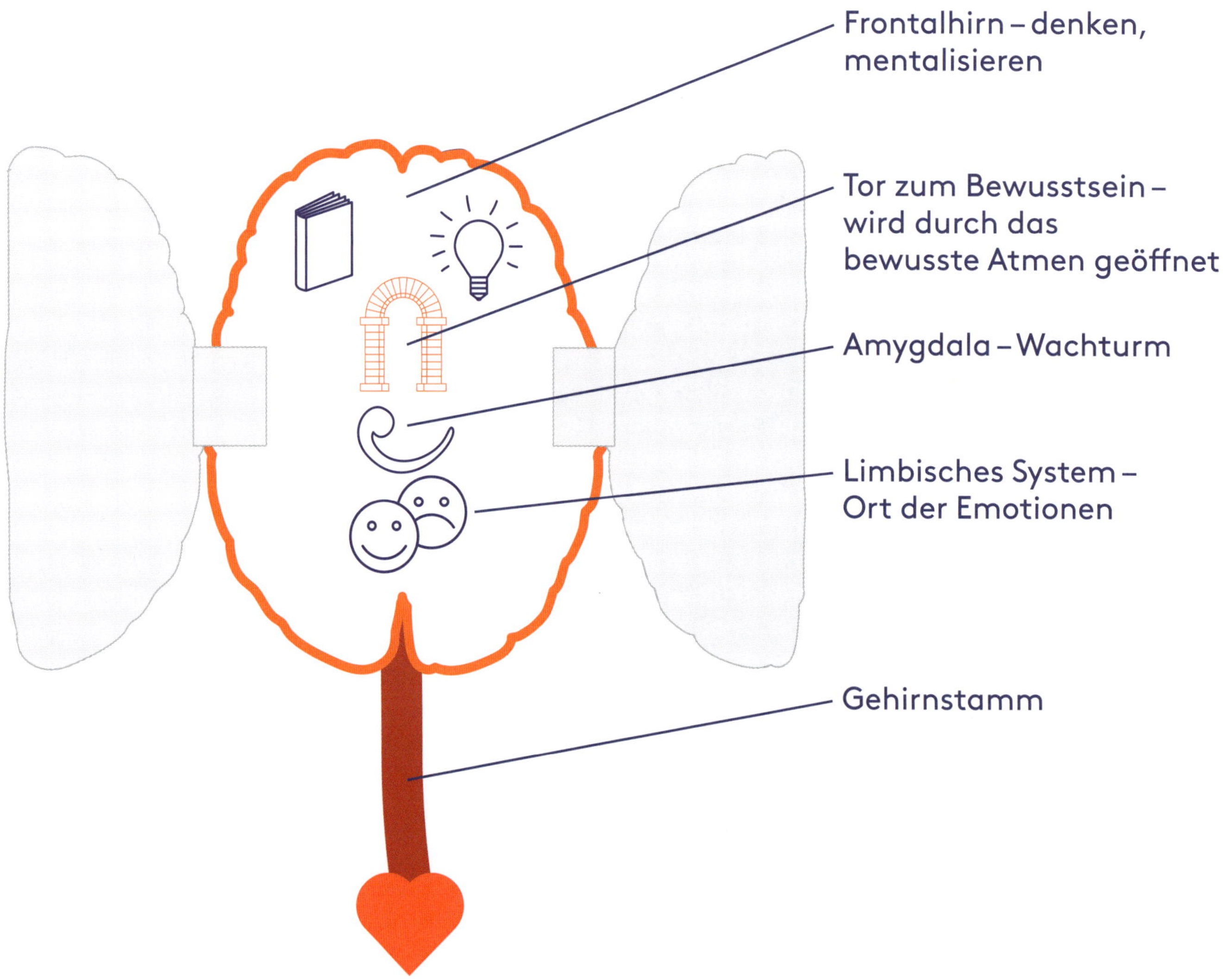

Das Gehirnmodell kann auch zu einer Lernlandkarte erweitert werden, indem die Gefühle, die behandelt wurden, fortlaufend im limbischen System eingezeichnet oder mit Emojiklebern sichtbar gemacht werden.

*ausführliche Informationen dazu im Buch «Mindsight», Daniel J. Siegel, Verlag Goldmann, 2012, S. 42–83

Anhang 8
SOS-Box herstellen

Du brauchst dazu:
- Streichholzschachtel
- verschiedene Materialien zum Gestalten der Box
- Denkblase mit Alfonso
- wasserfester Filzstift
- 2 cm breite Streifen farbiges Papier, dünn, so dass man es rollen kann

Leere Streichholzschachteln sind über Internet oder im Bastelgeschäft erhältlich.

Vorgehen

1. Streichholzbox gestalten, anmalen, ankleben. Die schmalen Seiten mit Farbstiften bemalen und mit einem wasserfesten Stift beschreiben: STOPP – ATMEN – STOPP – ATMEN

2. In die Streichholzschachtel gehört ein laminierter Alfonso mit der Denkblase als Erinnerung (siehe Kopiervorlage).

3. Auf den farbigen, dünnen Papierstreifen notieren die SuS ein positives Erlebnis oder eine weitere Ressource, die ihnen hilft, aus dem heftigen Gefühl wieder herauszukommen (im Klassengespräch Ideen sammeln).

4. Eventuell sammeln SuS einen kleinen Mutstein auf dem Heimweg und legen ihn in die Schachtel. Binja-Bilderbuch S. 26

Anhang 9
Hintergründe von Jin Shin Jyutsu

JIN SHIN JYUTSU

JIN	**=**	**der Mensch**
SHIN	**=**	**das Göttliche**
JYUTSU	**=**	**die Kunst**

Die Kunst des Schöpfers durch den mitfühlenden Menschen.

Jin Shin Jyutsu ist eine alte japanische Heilkunst, die zu Beginn des letzten Jahrhunderts von Jiro Murai in Japan wiederentdeckt und von Mary Burmeister, seiner Schülerin, in den Westen gebracht wurde.
Jin Shin Jyutsu ist auch als «Strömen» bekannt, da man mit Übung beim Halten der Energiepunkte ein Fliessen, Strömen von «Energie» wahrnehmen kann. Es ist eine Harmonisierungskunst, die auf körperlicher, seelischer und geistiger Ebene wirkt. Energieblockaden werden durch die Berührung der Hände gelöst. Dies bewirkt eine körperliche und seelische Entspannung. Stress kann sich auflösen.

Das Strömen fördert:
Die körperliche Gesundheit
- Indem Lebensenergie wieder frei fliesst, können Zellen, Gewebeschichten und Gelenke besser versorgt werden.
- Der Stoffwechsel wird angeregt.
- Das Immunsystem wird gestärkt.
- Der Körper gerät in eine tiefe Entspannung.

Die seelische Gesundheit
- Gefühle wie Sorge, Ängste, Wut, Trauer und Bemühung werden harmonisiert.
- Durch die körperliche Entspannung beruhigt sich das vegetative Nervensystem.

Die geistige Harmonie
- Aha-Erlebnisse können sich einstellen.
- Geistige Klarheit wird gefördert.
- Das Bewusstsein erweitert sich.

Im Alltag strömen wir immer wieder intuitiv. Wenn wir uns stossen, halten wir die entsprechende Körperstelle mit den Händen. Wenn wir Kopfschmerzen haben, halten wir uns an den Schläfen, im Nacken oder an der Stirn. Wenn wir Rückenschmerzen haben, fassen wir uns an den Rücken etc.

DER ATEM IM JIN SHIN JYUTSU

Der Atem spielt im Jin Shin Jyutsu ebenfalls eine wichtige Rolle.

Atemübung 1: 36 bewusste Atemzüge – sich eine bewusste Atmung schenken

- Nimm eine möglichst bequeme, aber doch aufrechte Haltung auf einem Stuhl ein.
- Deine Hände umfassen gegengleich unter den Achselhöhlen deinen Brustkorb. Der Daumen schaut aufwärts zur Schulter — die Handfläche umschliesst den Brustkorb bis unter die Schulterblätter am Rücken.
- Lasse die Schultern entspannt fallen.
- Nun schliesse deine Augen und richte deine Aufmerksamkeit nach innen.
- Folge dem Strom des Ausatmens vom Kopf bis in die Zehen hinunter und lasse bewusst alle inneren Spannungen los.
- Beim Einatmen fliesst neue Lebensenergie in dich hinein. Visualisiere das Einströmen des Atems im Körper von den Füssen hinauf bis in den Kopf.
- Wenn störende Gedanken kommen, bemerke diese, und kehre mit deiner Aufmerksamkeit liebevoll zurück zum Atmen.

Im Jin Shin Jyutsu werden 36 bewusste Atemzüge geschult.
Zu Beginn empfehle ich, mit 3, 9, 12, ... bewussten Atemzügen zu starten und diese in eigenem Tempo bis zu 36 bewussten Atemzügen zu erweitern.

Eines Tages wirst du verstehen, dass alles, was wir zur Harmonie und Ausgeglichenheit brauchen, im Atem und in den Fingern steckt.
Jiro Murai

FÜNF FINGER IM JIN SHIN JYUTSU

Die Finger «harmonisieren» die inneren Organe. Sie helfen Einstellungen und verkrustetet Denkmuster zu lösen. Sie sind eine grosse Unterstützung beim Ausgleichen heftiger Gefühle.
Wichtig ist, dass ein Finger zwischen minimal zwei Minuten oder so lange, wie es sich gut anfühlt, gehalten wird. Ob wir die Finger der rechten oder linken Hand benutzen, ist unwichtig.
Die Schülerinnen und Schüler mache ich darauf aufmerksam, dass sie die Finger nicht quetschen sollen.
Mit der Zeit kann man ein «Strömen» einer Energie in den Fingern wahrnehmen.
Die Bedeutung der Finger ist auf der Zeichnung unten ersichtlich.
Im Binja-Bilderbuch befindet sich die Abbildung der Jin-Shin-Jyutsu-Hand auf Seite 49.

Mit der Zeit wirst du das nicht geheime Geheimnis der Kraft, die in Bewusstsein und Verständnis von Daumen und Fingern steckt, erkennen. Alle Disharmonien können durch sie beseitigt werden.
Jiro Murai

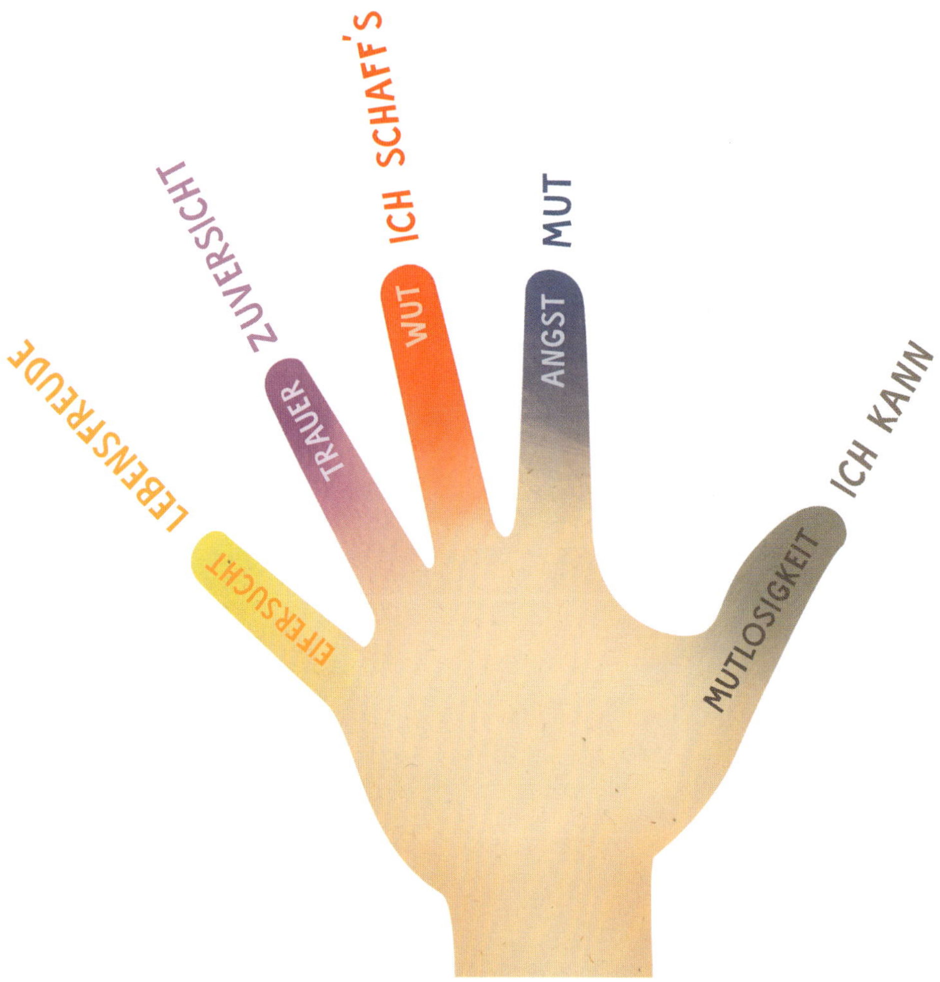

Anhang 10
Bericht «Trauben beschallen»

WINZERIN BESCHALLT TRAUBEN GEGEN SCHÄDLINGE MIT MUSIK VON MOZART

Eine italienische Winzerin in der renommierten Weingegend um Cuneo im Piemont testet eine neue Art der Schädlingsbekämpfung. Klassische Musik soll gegen Schädlinge helfen. Sie beschallt ihre Reben für die Produktion des Rotweins Nebbiolo mit Musik von Wolfgang Amadeus Mozart. Ornella Correggia will damit ein harmonisches Gleichgewicht zwischen Umwelt und Lebewesen herstellen, berichtete die Turiner Tageszeitung «La Stampa» am Montag.

In Correggias Weinbergen ertönt über mehrere Lautsprecher klassische Musik, vor allem von Mozart. Die Liste der Stücke, mit denen die Reben beschallt werden, wurde vom neapolitanischen Dirigenten Peppe Vessicchio zusammengestellt, der jahrelang das Orchester des Songfestivals San Remo dirigiert hat. «Wenn die Kühe in Wisconsin mehr Milch produzieren, wenn sie Musik von Mozart hören, kann es auch in den Weinbergen positive Resultate geben», sagte Vessicchio. Der Dirigent hat bereits ein Buch mit dem Titel «Musik lässt Tomaten besser wachsen» herausgebracht. Die Methode wurde bei Tomaten in Süditalien getestet. Mit ersten Resultaten in den Weinbergen um Cuneo wird in drei Jahren gerechnet. Schon vor einigen Jahren hatte der Winzer Carlo Cignozzi, Hersteller des renommierten Brunello, in der toskanischen Weingegend Montalcino begonnen, in seinen Weinbergen über Lautsprecher klassische Musik abspielen zu lassen.

Die beschallten Weintrauben reifen bis zu zehn Tage früher als andere, behauptet Cignozzi. Die Musik halte Tiere wie Füchse, Wildschweine und Rehe fern, die die reifen Trauben fressen. Das Interessanteste sei jedoch, dass die Weintrauben dank der Musik angeblich nicht mehr von Schädlingen und Krankheiten befallen sind. Sie seien gesund, auch wenn sie nicht mit Pestiziden behandelt werden.

*Quelle: https://www.sn.at/panorama/international/winzerin-beschalltrauben-gegen-schaedlinge-mit-musik-von-mozart-11301778 © Salzburger Nachrichten VerlagsgesmbH & Co KG 2018

KOPIER-VORLAGEN

Körperumrisse

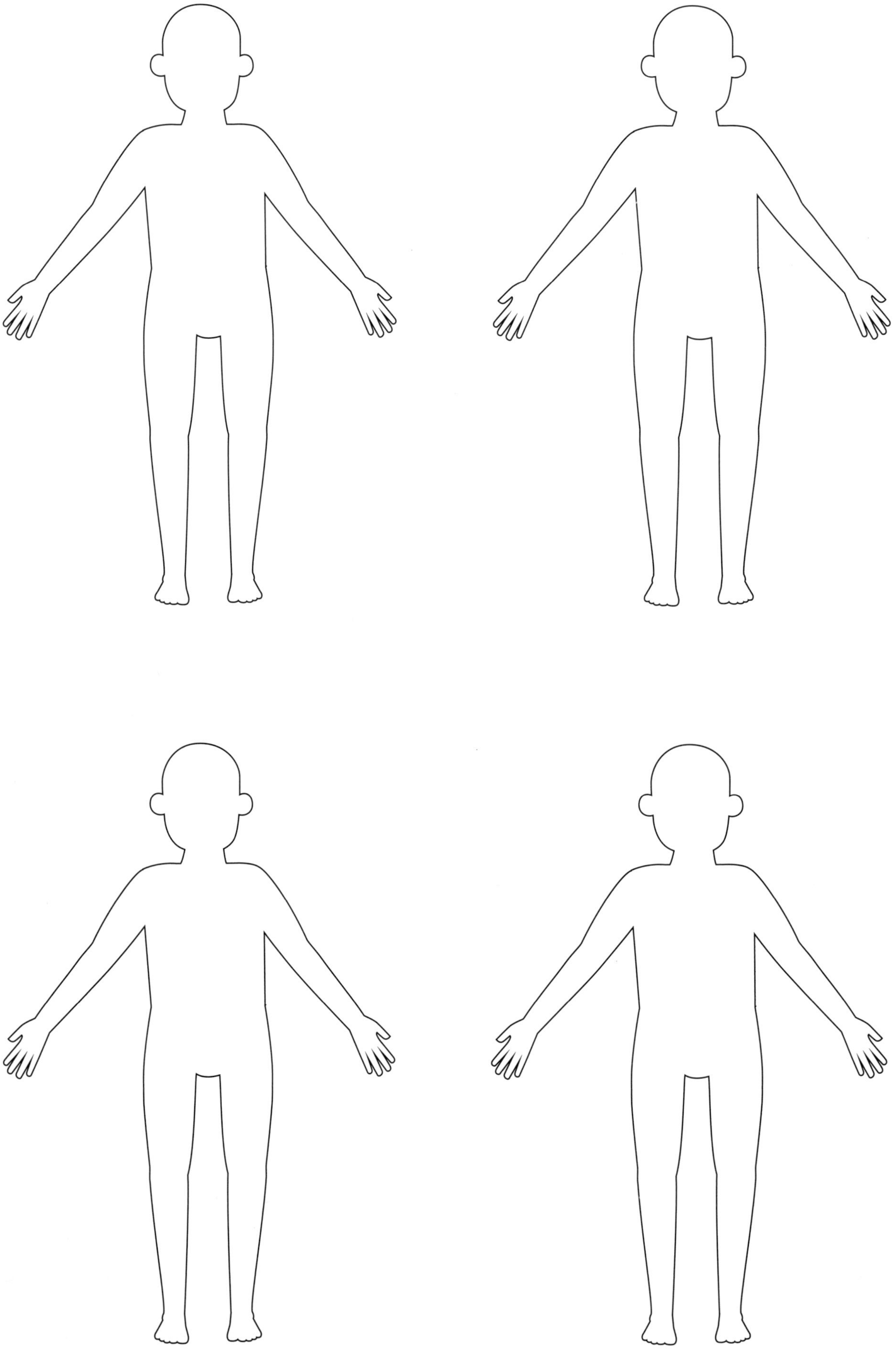

Mein Atem

Nimm zwei grosse, tiefe Atemzüge.
Nimm wahr, was in deinem Körper geschieht.

Beischreibe es: ____

____

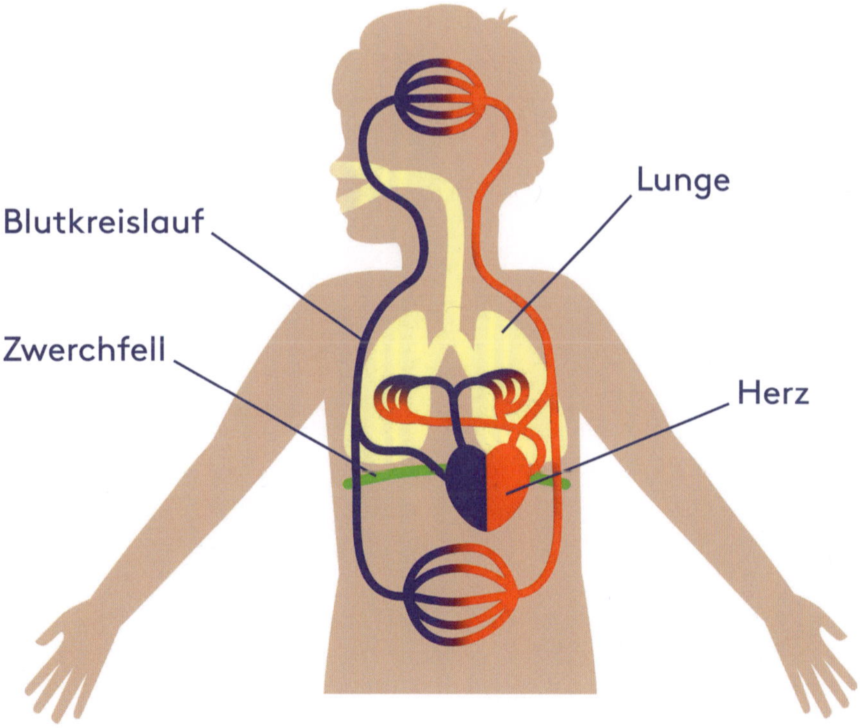

Hier siehst du, wie der Atem den Sauerstoff über die Blutbahnen im Körper verteilt. Wir benötigen den Atem zum Leben.

Den Atem brauchen wir zum:

____

____

____

____

____

____

Gefühle im Körper

Ja, du liest richtig. Gefühle spürst du im Körper. Die **Amygdala** funktioniert wie eine **Antenne**. Wenn du etwas **siehst, hörst, riechst** oder **spürst,** überprüft sie sofort, ob das für dich **gefährlich** ist. Wenn ja, dann schlägt sie **Alarm** in deinem Körper. Jeder Mensch empfindet diese Gefahr anders. Vielleicht beginnt dein Herz zu rasen oder deine Hände beginnen zu schwitzen. Vielleicht spürst du eine Faust in deinem Magen und dir wird schlecht. Vielleicht spürst du auch gar nichts mehr.

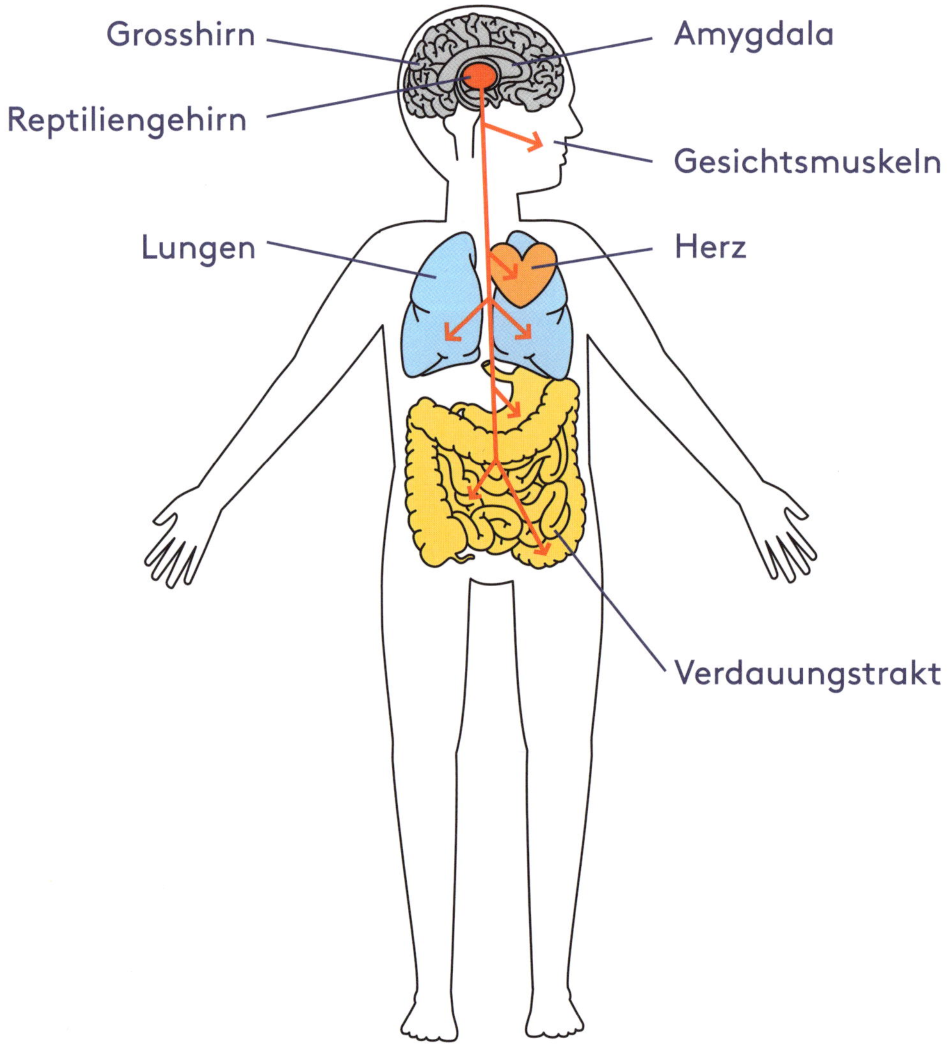

Wie ist das bei dir? Weisst du das?

1. Nimm ein leeres Körperbild und klebe es in dein Forscherheft.
2. Male den Körperteil, den du wahrnimmst, wenn du ________________ bist, mit der passenden Farbe ein.
3. Was tust du, wenn du ________________ bist? ___________________________

Gehirn an einer Hand erklärt mit Binja

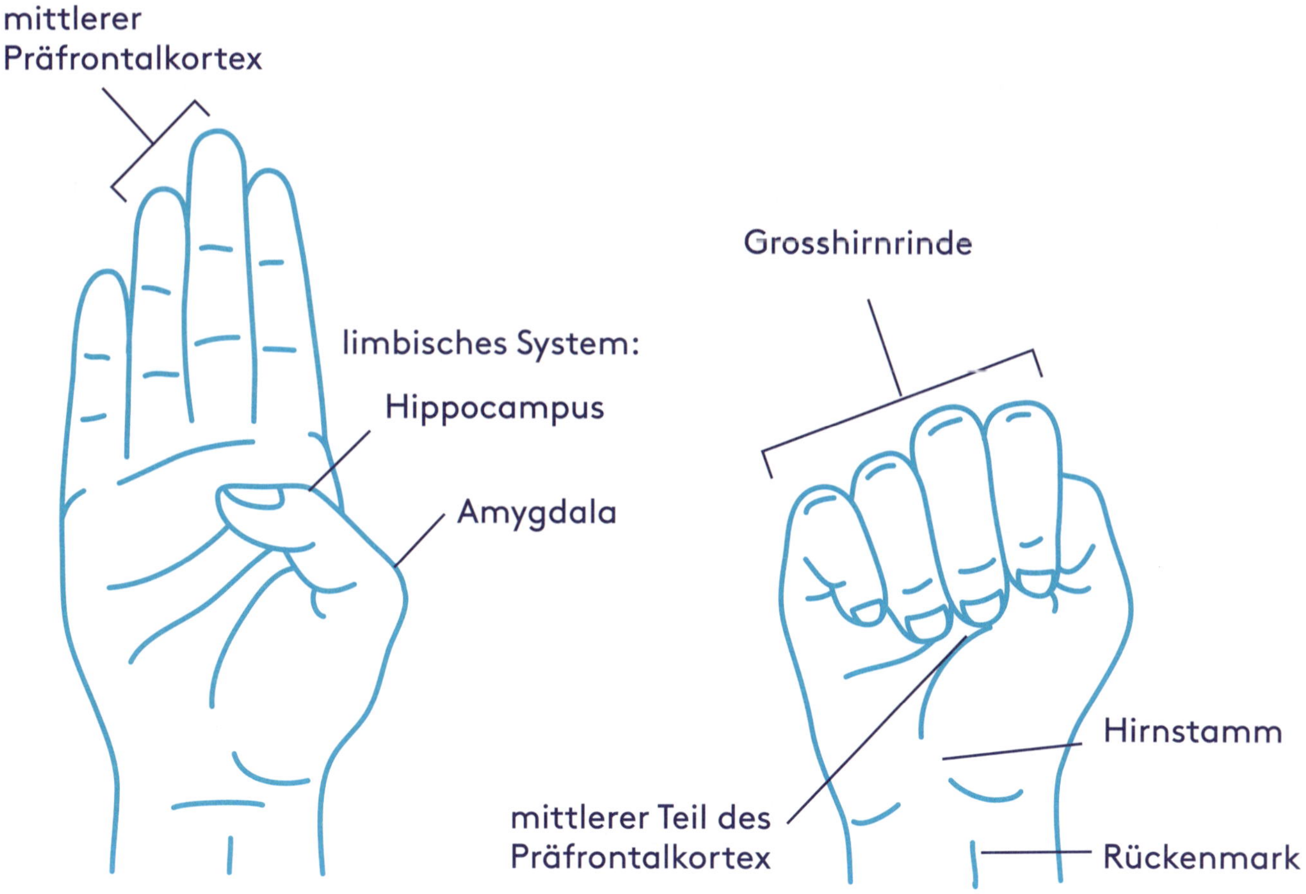

heftige
Gefühle

denken

ausrasten

Vorlage Gehirn (Gehirnlandkarte)

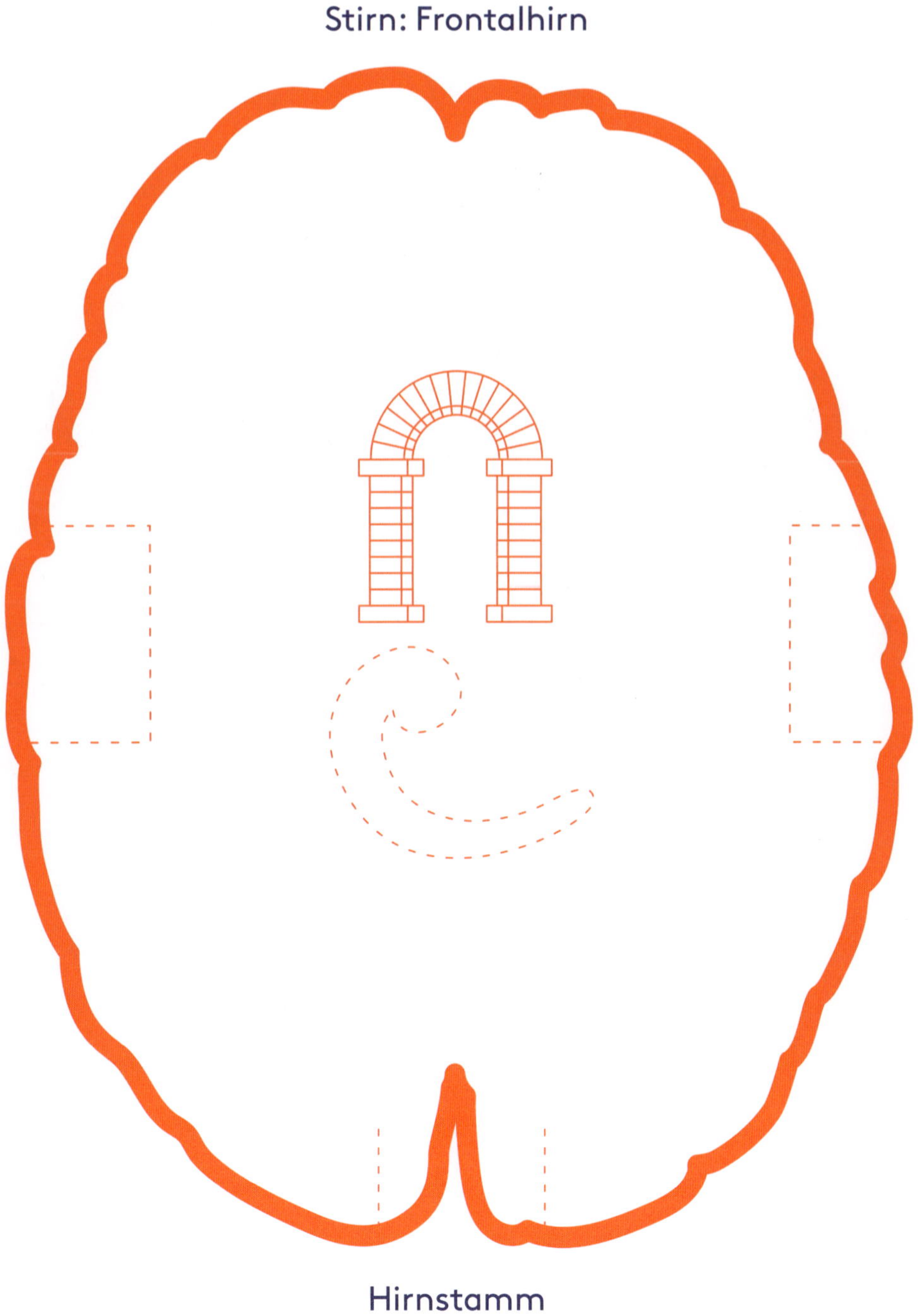

Linke und rechte Gehirnhälfte

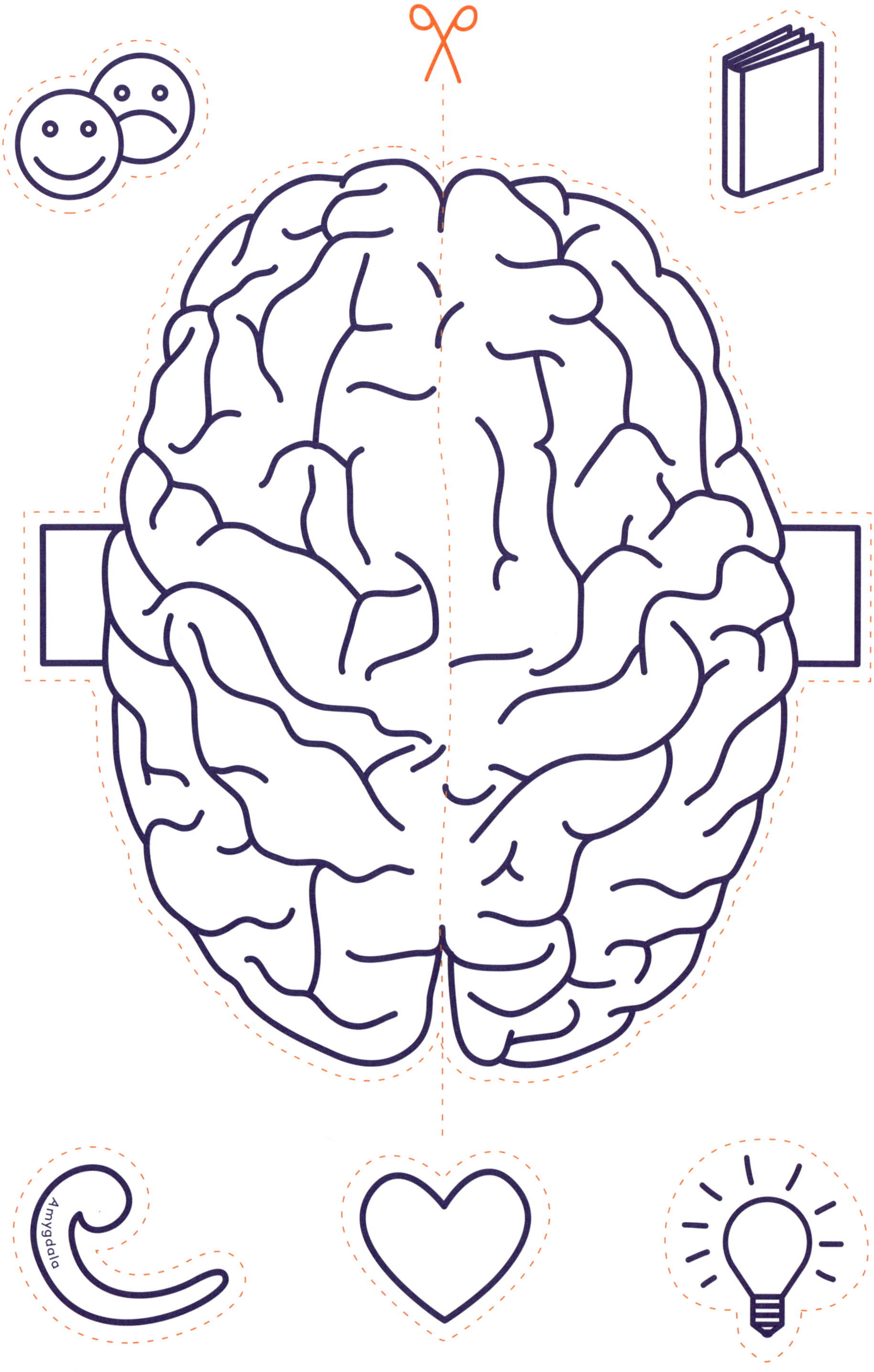

ANLEITUNG ZUR GESTALTUNG DER GEHIRNLANDKARTE

Du benötigst
- Seite 1 und Seite 2 des Gehirns
- Leim
- Farb- und Filzstifte
- Geschenkband
- Schere
- eventuell ein Klebebild von einem Dinosaurier

Vorgehen

1. Nimm die linke und rechte Hirnhälfte

1A Beschrifte die linke Hirnseite mit «links».

1B Die linke Seite ist die logische Seite des Denkens: Schreibe als Erkennungsmerkmal Zahlen und Buchstaben darauf.

1C Beschrifte die rechte Hirnseite mit «rechts».

1D Die rechte Seite des Gehirns ist für alles Kreative zuständig. Bemale deshalb die rechte Seite mit verschiedenen Farben und beschrifte sie mit den Wörtern: rechts, kreativ, malen, tanzen, basteln ...

1E Schneide die beiden Hirnhälften aus. Achtung: Schneide die eingezeichneten Laschen nicht ab.

2. Gestaltung der Gehirnlandkarte

2A Klebe die linke und rechte Hirnseite an der markierten Stelle an.

3. Frontalhirn

3A Klebe die Glühbirne und das Buch ins Frontalhirn.

4. Amygdala

4A Nimm zwei dünne Streifen und falte sie so zu einer Handorgel, wie es dir die Lehrperson zeigt.

4B Male die Vorlage der Amygdala farbig aus. Nun kannst du sie ausschneiden.

4C Klebe die Amygdala auf die Handorgel.

4D Klebe die Handorgel mit der Amygdala in der Mitte des Gehirns auf den markierten Platz.

5. Herz

5A Male das Herz rot aus.

5B Schneide das Herz aus.

6. Hirnstamm

6A Nun kannst du ein farbiges Band wählen. Schneide 20 cm davon ab.

6B Beschrifte mit einem Kugelschreiber oder einem wasserfesten Filzstift das Band mit «Hirnstamm».

7B Klebe das Band auf den unteren Teil des Gehirns. Am Ende klebst du das Herz an.

7. Reptiliengehirn

Nun ist deine Landkarte für dein Gehirn bald fertig. Du kannst noch die Bilder auf dem Innenteil des Gehirns mit Farbstiften passend ausmalen.
Am Schluss malst oder klebst du oberhalb des Hirnstamms in die Mitte der Gefühle einen Dinosaurier. Hier liegt das Reptiliengehirn. Du kannst auch Emojibilder für die Gefühle aufkleben.

Gefühle im Kopf

1. Schau dir die Bildergeschichte von Binja an.
2. Erzähle deinem Nachbarn oder deiner Nachbarin, was du siehst.
3. Neben den Bildern siehst du ins Gehirn von Binja. Da kannst du sehen, was im Gehirn von Binja geschieht. Beschrifte die Teile des Gehirns.
4. Was geschieht, wenn sich Binja daran erinnert, dass Alfonso ihr vom Geheimnis des achtsamen Atmens erzählt hat? Was macht Binja? ____________________

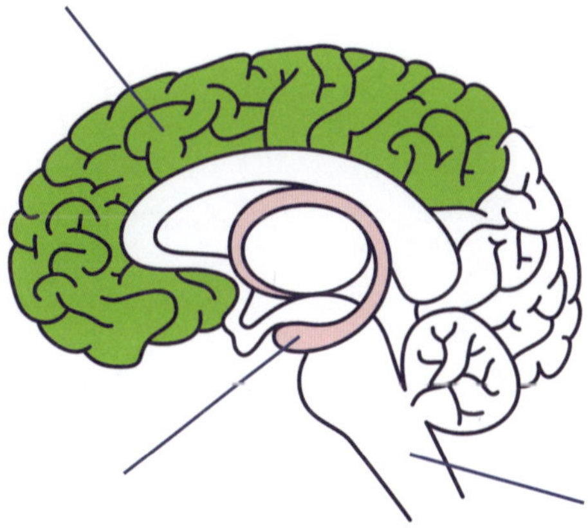

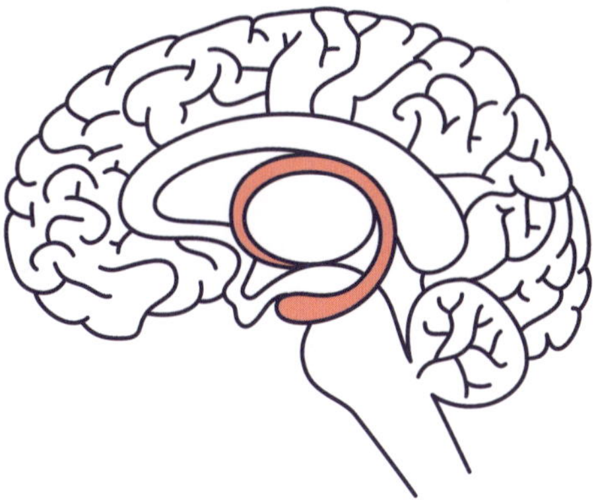

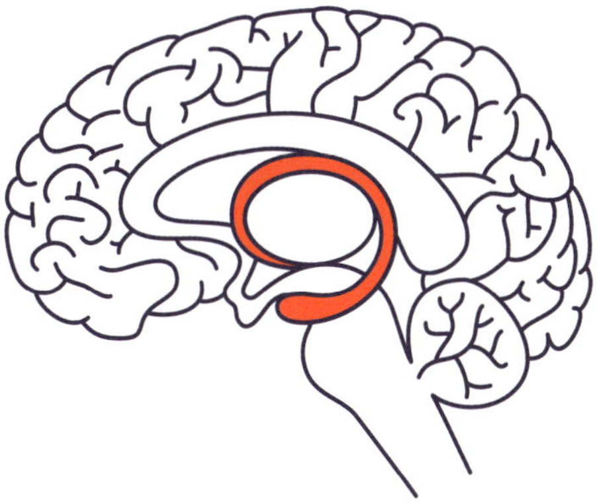

Gefühle im Kopf

Gefühl: ________________

Arbeitsauftrag:
Erinnere dich an eine Situation, in der du dich ________________ gefühlt hast. Zeichne nun deine Geschichte in die leeren Felder, passend dazu, was im Gehirn geschieht.

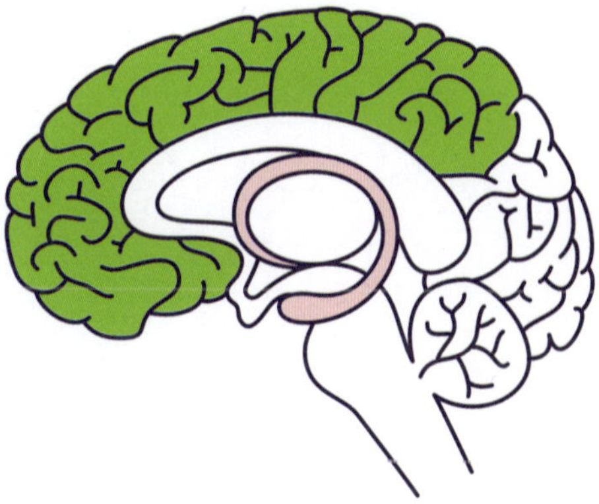

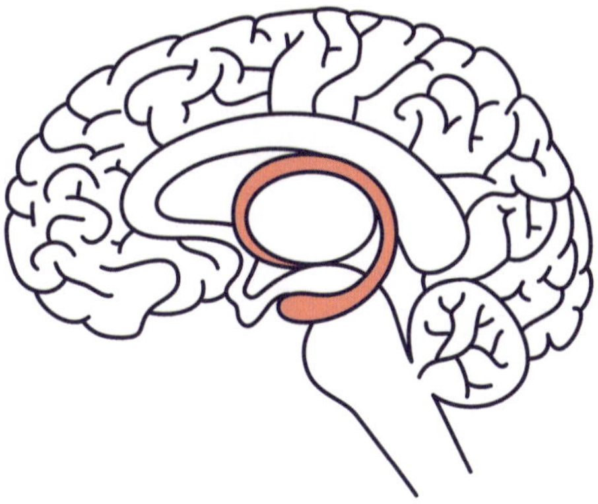

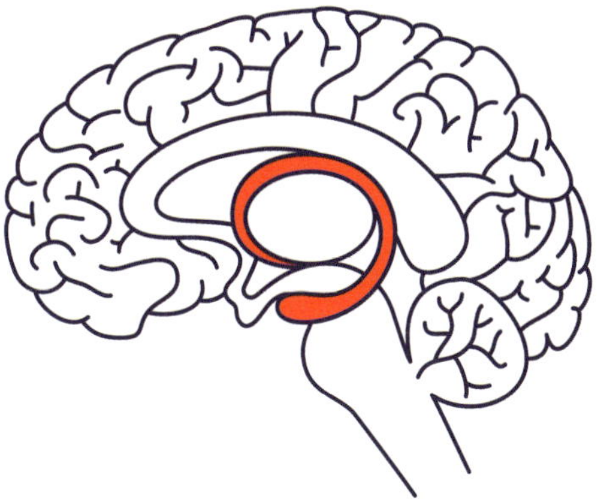

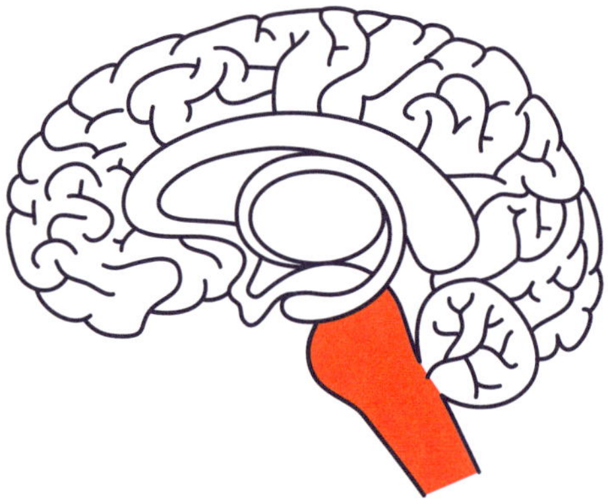

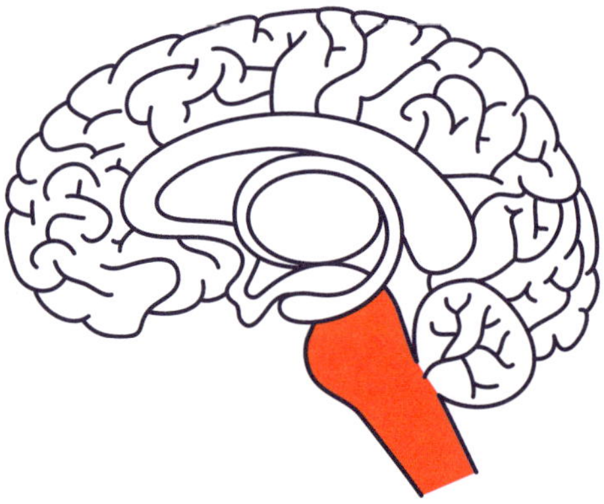

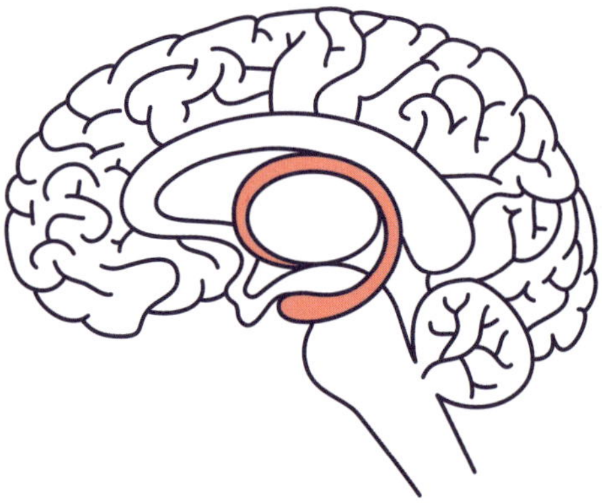

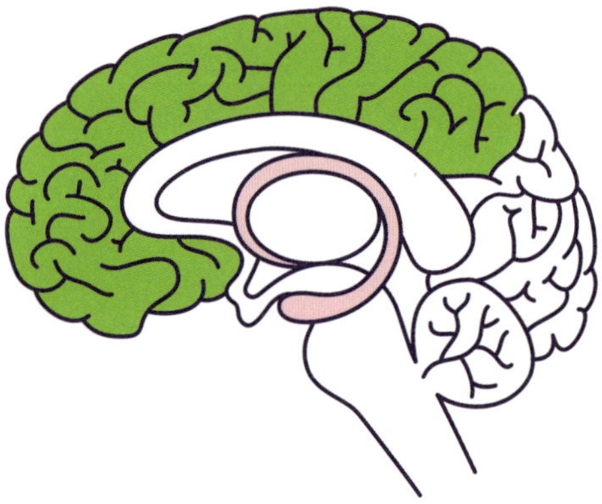

Gefühle vom Gesicht ablesen

Du kannst Gefühle wahrnehmen oder im Gesicht ablesen.
Schau dir die Gesichter an und ordne ihnen das passende Gefühl zu:
Angst, Freude, Mutlosigkeit, Wut, Eifersucht und Trauer.

Gefühlsbilder: Binja-Gesichter

Gefühlswörter: Nomen

EIFERSUCHT

TRAUER

WUT

ANGST

MUTLOSIGKEIT

ÜBERRASCHUNG

GLÜCK

FREUDE

VERDRUSS

MISSMUT

FRIEDE

STILLE

Gefühlswörter: Adjektive

WÜTEND

ÄNGSTLICH

RUHIG

FREUDIG

TRAUDIG

EIFERSÜCHTIG

MUTLOS

ÜBERRASCHT

Gefühlswörter: Adjektive

GLÜCKLICH

MÜRRISCH

HÄSSIG

Gestaltungsvorlage Gefühlsuhr

Du benötigst
- 1 Papierteller Durchmesser: 25–30 cm
- Gefühlsbilder von Binja (Kopiervorlage)
- Acrylfarbe
- Festes Tonzeichenpapier
- Schnur
- 1 Rundkopfklammer

Vorgehen
1. Färbe den Papierteller in deiner Lieblingsfarbe ein und lass ihn gut trocknen.
2. Schneide die runden Binja-Gesichter aus.
3. Klebe die Bilder im Kreis auf wie die Zahlen einer Uhr.
4. Schneide den Zeiger aus.
5. Mache mit einer Ahle ein Loch in der Mitte des Tellers und befestige den Zeiger mit der Rundkopfklammer.
6. Mache zwei Löcher am oberen Rand der Uhr.
7. Schneide 25 cm der Schnur ab, ziehe sie durch die Löcher und verknüpfe sie hinten.

Emotionen: Sticker für Gefühlsuhr

Meine Gedanken beobachten

Wir denken den ganzen Tag. Jeden Tag jagen zwischen 60 000 und 70 000 Gedanken durch unser Gehirn.
Unsere Gedanken bestimmen unsere Gefühle.

Auftrag
Schliesse deine Augen, halte die Hand auf den Ankerpunkt und beginne mit dem achtsamen Atmen. Beobachte die Gedanken, die auftauchen.

Nach dem achtsamen Atmen:
Schreibe nun vier Gedanken auf, an die du dich erinnerst.

Welche Gedanken machen dich glücklich?
Schreibe drei Gedanken auf.

Motivation

Du lernst, wie du dich selber motivieren kannst.
Zusammen mit Binja hast du gelernt, dass du erfolgreich und glücklich bist, wenn du motiviert bist. Du weisst, dass es Gedanken gibt, die ein ungutes Gefühl auslösen.

Versuch 1
Verbinde die drei Punkte zehn Mal miteinander.
Sprich bei jedem Punkt leise den Satz nach.
Was für ein Gefühl entsteht in dir?

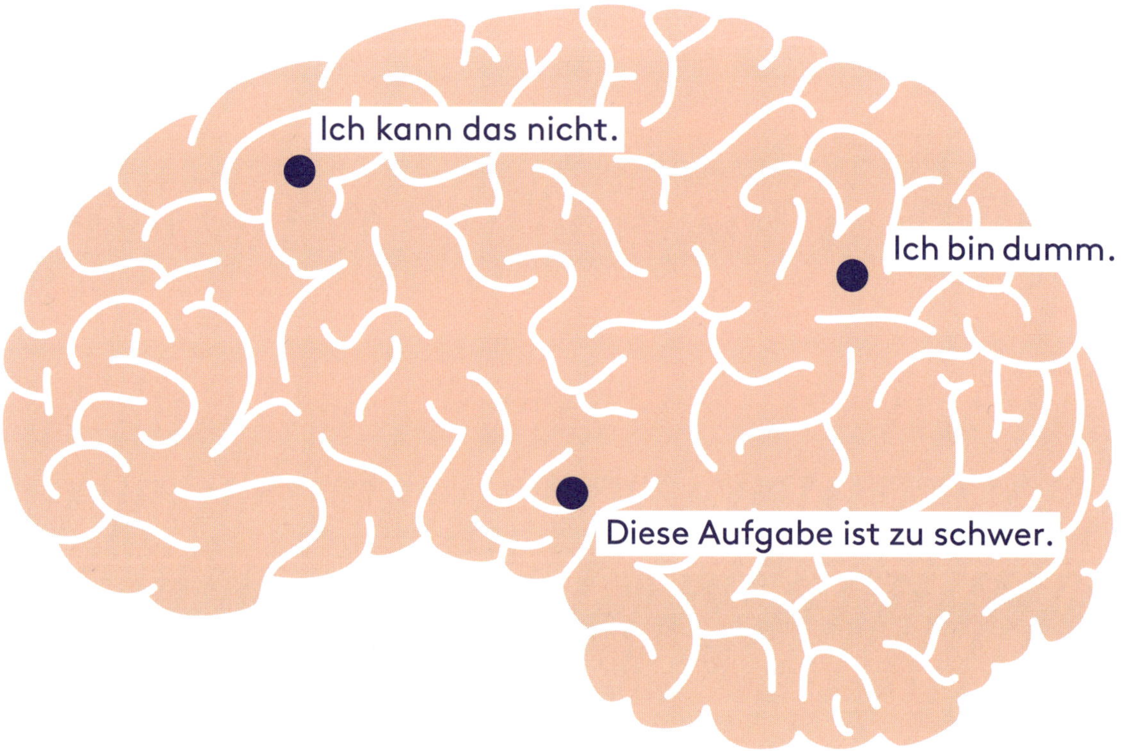

Mein Gefühl: ______________________________

Versuch 2

Verbinde die drei Punkte zehn Mal miteinander.
Sprich bei jedem Punkt leise den Satz nach.
Was für ein Gefühl hast du bei diesen Sätzen?

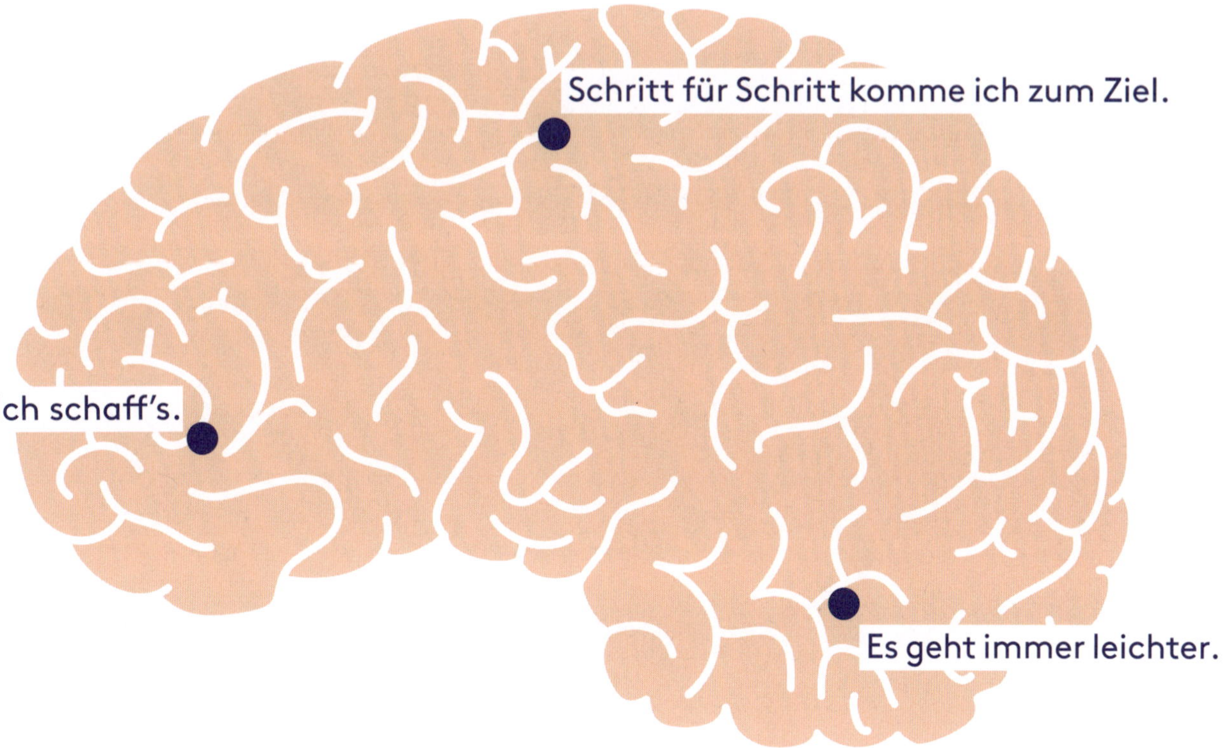

Mein Gefühl: ______________________________

Aufgaben

1. Suche die positiven Sätze oder Ausdrücke.
2. Übermale sie mit deiner Lieblingsfarbe.

Ich kann es. Ich schaff's. Das schaffe ich nie. Ich weiss, wie das geht. Danke, dass ich heute etwas Neues gelernt habe. Ich bin ein Versager. Ich bin schön. Ich gefalle mir, wie ich bin. Ich habe zu dicke Beine. Meine Augen gefallen mir. Ich bin schlecht im Fussballspielen. Mich wählen die Kinder nie. Ich erreiche mein Ziel. Ich glaube an mich. Ich liebe mich. Ich finde mich doof. Alle lachen mich aus. Ich treffe das Tor. Heute ist ein schöner Tag. So cool!

Welcher Ausdruck gefällt dir am besten?

____

Welches ist dein Motivationssatz für die nächste Woche?
Du kannst auch einen eigenen Satz erfinden.

____

Alfonso, Denkblase

Binja-Kleber

CD-Hülle

LIEDER ZUM BUCH
1 Oh, i liäb da wunderbare Gfühl im Buch!
2 Min Körper – Mis Huus
3 Wuet!
4 Häsch du da ghört?
5 I will au!
6 Muetlos
7 Du bisch Du
BINJA
6 Lieder zu den verschiedenen Gefühlen plus Atemsong
Denise Lier

ACHTSAMKEITS-ÜBUNGEN UND INNERE REISEN ZUM BINJA-PROGRAMM

Einführung

Praktische Hinweise zur erfolgreichen Durchführung der Achtsamkeitsübungen und inneren Reisen in einer Klasse

Immer wieder werde ich gefragt, was ich empfehle, damit die Achtsamkeitsübungen gelingen. Viele Lehrpersonen machen die Erfahrung, dass einige SuS kaum ruhig sein können und den Ablauf der Achtsamkeitsübungen stören. Dies entmutigt und führt dazu, dass die Übungen im Schulalltag untergehen. Das wäre schade. Deshalb gebe ich hier einerseits weiter, welche Rahmenbedingungen unterstützend wirken, damit die Durchführung gelingt, und andererseits, wie ich mit Störungen umgehe.

Vieles hängt von den Rahmenbedingungen und der Anleitung ab. Je klarer die Anweisungen sind und je mehr die Lehrperson die innere Überzeugung in sich trägt, dass diese Übungen machbar sind, desto eher wird es gelingen, die Klasse mit in den inneren Raum der Stille zu führen.

Ich bemerke immer wieder, dass Kinder, gerade auch jene, denen es nicht leicht fällt, in der Stille zu sein, diese Übungen sehr geniessen und mit der Zeit selbst aktiv danach fragen.

Stille ist ein menschliches Grundbedürfnis, aber eines, das im Alltag vieler Kinder und Erwachsener kaum Platz findet.

Klangschale – Stimme

Ich verwende für die Achtsamkeitsübungen und inneren Reisen eine Klangschale. Der weiche und langanhaltende Ton lädt ein, sich zu zentrieren.

Ich empfehle für die Achtsamkeitsübungen und inneren Reisen eine spezielle Klangschale zu verwenden, nicht diejenige, die im Unterricht als Signal zur Sammlung eingesetzt wird.

Der Gebrauch der Stimme soll ruhig und langsam sein. Gerade bei den inneren Reisen unterstützt eine ruhige, eher tiefe Stimmlage das Erlangen eines tranceähnlichen Zustands, der das Unterbewusstsein der SuS für die gewünschte Erfahrung positiv unterstützt.

Innere Reisen

Es gilt darauf zu achten, dass die SuS so sitzen oder liegen, dass sie sich gegenseitig nicht ablenken können. Dies ist vor dem Beginn der Übung zu überprüfen. Es lohnt sich, bei der ersten inneren Reise Zeit für das Einrichten des Orts und die Liegeposition einzuräumen. Danach kann man die SuS auffordern, stets den gleichen Platz aufzusuchen.

Wenn die Kinder am Boden liegen dürfen, ist es hilfreich, wenn sie von zu Hause ein eigenes Kissen mitbringen. So hat jeder etwas Persönliches zum Wohlfühlen dabei.

Ich verlange nie, dass die Kinder gerade auf dem Rücken liegen. Ich schlage es vor, fordere es aber nicht ein. Für einige Kinder ist das am Anfang zu exponiert. Sie liegen vielleicht auf der Seite und mit angezogenen Beinen. Erst wenn sie mit den Übungen vertraut sind und angenehme Erfahrungen damit gemacht haben, werden sie sich auf den Rücken drehen.

Wenn ein Kind ruhelos ist, berühre ich es sanft am Fuss. Dies kann es beruhigen. Wenn ich weiss, dass sich ein Kind im Moment unwohl fühlt, frage ich, ob es in der Lage ist, die Übung mitzumachen oder ob es lieber am Platz etwas Eigenes machen möchte.

Die Übungen sollen einladend sein. Wenn ich eine Alternative anbiete, dann nie als Strafe, sondern weil ich das Kind dabei unterstützen möchte wahrzunehmen, was ihm im Moment guttun könnte.

Achtsames Atmen

a) Haltung

Ich wähle bewusst nicht die Meditationshaltung. Ich möchte keine religiösen Assoziationen hervorrufen, da sich in den Klassen Kinder mit unterschiedlichen religiösen Hintergründen befinden. Zudem finde ich es hilfreich, wenn die Kinder mit den Füssen den Boden berühren. Dies führt zu einer Erdung, einer Verankerung, die oft fehlt.

Ich baue die Stilleübung immer wieder während des Unterrichts ein. Damit das ohne grossen Aufwand gelingt, gewöhne ich die SuS daran, den Stuhl etwas vom Arbeitsplatz zurückzuschieben, um genügend Raum um sich zu haben.
Dann ermuntere ich sie, die richtige Sitzposition einzunehmen - im Binja-Achtsamkeitstraining heisst der Code dafür: «Sitzen wie ein Baum» - siehe Einführung Achtsames Atmen in der zweiten und dritten Lerneinheit.

Der Baum mit seinen Wurzeln, seiner Krone und seinem starken Stamm dient als Vorbild und Synonym für die Haltung der SuS. Die Füsse — die Wurzeln — sind tief verbunden mit der Erde. Die Krone steht für den Kopf und die Verbindung mit dem Himmel, dem grossen Raum des Universums.

Der Stamm steht für den Rücken, für unser aufrechtes Sitzen. Im Rücken befinden sich die Zentralnervenbahnen. In einer aufrechten Sitzhaltung können die Nerven und der Atem frei fliessen. Mit einem gebeugten Rücken werden die Lungen und der Brustkorb zusammengedrückt.

Vor allem für ältere SuS kann es ungewohnt sein, mit einem geraden Rücken zu sitzen. Diese lasse ich zuerst erfahren, in welcher Position sie am besten ihren Atem wahrnehmen können. Trotzdem ist es für diese SuS zu Beginn nicht einfach, sich aufrecht hinzusetzen. Es verlangt von allen Geduld, Übung und immer wieder Aufmunterung, die «Baumhaltung» einzunehmen.

b) Augenposition

Normalerweise ist es hilfreich, die Augen zu schliessen, um nicht abgelenkt zu sein. Traumatisierte Kinder können im Dunkeln und in der Ruhe getriggert werden. Deshalb habe ich mir angewöhnt, die Kinder folgendermassen anzuleiten:

«Schliesse deine Augen oder richte sie auf einen Punkt vor dir, so dass du von den anderen Kindern nicht abgelenkt wirst.» Wenn ich bemerke, dass dies für SuS schwierig ist, klebe ich einen farbigen Punkt als Orientierungshilfe vor das Kind.

Dies betrifft vor allem die Einführungsphase. Mit der Zeit wissen die SuS, wie sie am besten in die Ruhe finden.

c) Sitzordnung

Wie beschrieben, gewöhne ich die Kinder daran, auch an ihrem Sitzplatz die achtsame Atmung durchführen zu können. Bei einer unruhigen Klasse hat es sich bewährt, die Kinder mit dem Rücken zur Mitte im Kreis anzuordnen. So blickt jedes Kind nach aussen und wird von niemandem abgelenkt.

d) Dauer der Stillesequenzen

Stillsitzen ist zuerst nur während kurzer Zeit möglich, vielleicht für 30 Sekunden. Mit der regelmässigen Praxis kann die Zeitdauer langsam verlängert werden.

Durch wache Beobachtung bemerkt man schnell, wann der Moment kommt, in dem die Kinder aus der Übung herausgeführt werden müssen, damit das Erleben positiv bleibt.

Nach einer gewissen Übungszeit können die SuS ermuntert werden, für eine längere Zeit zu sitzen. Ein Ansporn ist, wenn ich sie danach frage, wieviel Zeit sie heute sitzen möchten oder was sie denken, wie lange sie die Stille geniessen können. In dem Fall verwende ich eine Sanduhr.

Es geht weniger um die Zeitquantität, sondern um die Erfahrung der Qualität. Es ist wichtig, die Stilleübung regelmässig in den Schulalltag einzubauen. So erweitert sich der stille Raum von allein.

e) Anleitung durch die SuS

Ich beginne bereits während der ersten Achtsamkeitsstunde damit, dass einzelne SuS die Stilleübung mit Unterstützung anleiten dürfen. Ich halte die Klangschale, das Schulkind darf den Schläger nehmen. Dann flüstere ich ihm die Anleitungsformel ins Ohr. Das Kind wiederholt sie laut und schlägt dazu die Klangschale an.

Durch diese Praxis verinnerlichen die SuS die Anleitung. Die meisten lieben es, die Klangschale zu bedienen und die Übung anzuleiten.

Achtsamkeitsübung 1
Innere Reise zur Entdeckung des guten Gefühls

Binja-Bilderbuch S. 6–7

Ziel

- Die innere Reise fördert die bewusste Wahrnehmung eines guten Gefühls.
- Sie schult die körperliche Empfindungsfähigkeit.

Vorbereitung

Es ist wichtig, vor der Durchführung der inneren Reise in der Klasse nachzufragen, bei welchem Erlebnis es den SuS gut gegangen ist. Es gibt SuS, die keinen Zugang zu schönen Ereignissen haben. Sie sind vor allem auf das Negative und Schwierige fokussiert. Mit diesen SuS muss man nach Positivem in ihrem Leben forschen. Dann können sie vielleicht zum ersten Mal entdecken, dass es auch in ihrem Leben Gelingendes gibt. Das kann ein schönes Erlebnis in den Ferien gewesen sein, in der Schule, am Geburtstag, im Sport ... Wichtig ist nachzuforschen, ob es wirklich ein gutes Ereignis war.

Anleitung

- Du darfst dir ein Kissen und einen Platz wählen, an dem du etwa fünf Minuten ruhig liegen kannst. Schau, dass du genügend Raum um dich hast und von keinem anderen Kind abgelenkt wirst.
- Ich führe dich durch eine innere Reise, während der du dich nochmals ganz genau an das gute Erlebnis erinnern kannst. Du wirst das gute Gefühl dieses Erlebnisses noch einmal erfahren.
- Wenn die Reise fertig ist, hörst du den Ton der Klangschale – vormachen. Dann kannst du wieder die Augen öffnen. Bleib ganz in deinem guten Gefühl.

Innere Reise

- Du liegst auf dem Boden und schliesst deine Augen. Falls du das nicht gut kannst, machst du sie so weit zu, dass du niemanden um dich herum siehst.
- Spüre wie dein Rücken auf dem Boden aufliegt.
  Ist es hart? Liegst du bequem?
- Du kannst deine Stellung jetzt so verändern, dass du einige Minuten bequem zuhören kannst.
- Erinnere dich an das Erlebnis, von dem wir vorher gesprochen haben.
  Das war ein Erlebnis, an dem es dir so richtig gut gegangen ist.
- Es war so schön, dass du es am liebsten wiederholen möchtest.
- Erinnere dich, wo du diesen Moment erlebt hast.

Ort: sehen

- Erinnere dich an den Ort, an dem es dir so gut gegangen ist.
- Wie sah der Ort aus? War es in einem Haus oder in der Natur?
  Warst du allein oder waren andere Menschen bei dir?
  Welche Farben siehst du?
  Weisst du noch, was für Kleider du damals anhattest?
  Welche Jahreszeit war es?
- Sieh den Ort so genau, wie du dich noch erinnern kannst.

Handlung

- Erinnere dich daran, was du damals gemacht hast.
- Bist du gestanden? Wo? Oder bist du gesessen? Oder lagst du?
  Oder warst du in einer Bewegung? Wenn ja, in welcher?
  Was hat sich in dem Moment, als es dir so gut ging, ereignet?
  Hast du etwas erhalten? Hast du etwas Bestimmtes gemacht?

Ohren: hören

- Erinnere dich, was du damals gehört hast.
- Was hörst du? Gibt es ein Geräusch von diesem Ort?
  Sprach jemand zu dir? Was?
  Hatte es Musik im Hintergrund? Wenn ja, welche? Oder lief der Fernseher? Oder hörtest du Vögel zwitschern? Oder Wellen rauschen? Oder war es still? Erinnere dich an das, was dein Ohr gehört hat.

Nase: riechen

- Erinnere dich daran, welchen Geschmack du damals wahrgenommen hast, als es dir so gut gegangen ist. Vielleicht erinnerst du dich, welchen Geschmack der Ort hatte, an dem es dir so gut gegangen ist.
- Hatte es Blumen, die einen bestimmten Duft verströmten? Riechst du etwas Gekochtes?
  Riecht der Raum um dich herum?
- Nimm wahr, was die Nase gerochen hat, als es dir so gut gegangen ist.

Geschmack

- Hast du damals gerade etwas gegessen? Wenn ja, weisst du noch was?
- Welchen Geschmack hatte das in deinem Mund? Kannst du ihn noch wahrnehmen?
- Nun geniesse die Situation, in der es dir so gut gegangen ist, noch einmal in vollen Zügen.

Gefühl: spüren

- Erinnere dich an das Gefühl.
- Was hast du damals gefühlt? Wo nimmst du das Gefühl wahr? Kannst du es wieder spüren?
- Halte deine Hand an den Ort im Körper, wo du es wahrnimmst und geniesse das schöne Gefühl.
- Rieche den dazugehörigen Duft. Höre, was du damals hören konntest. Sieh die Situation ganz genau, wie wenn du sie gerade noch einmal erleben würdest. Kannst du sie farbig sehen oder schwarz-weiss? Wo im Körper nimmst du das gute Gefühl wahr?
- Dann gib dem Ereignis einen passenden Namen.

Lass die Kinder diese Situation etwa eine halbe Minuten geniessen.

Klangschalenton.

- Mache langsam deine Augen auf.
- Strecke dich sorgfältig.
- Kannst du das gute Gefühl im Körper behalten? Wo ist es?
- Setze dich langsam auf.
- Nimm das Kissen und versorge es und setze dich ganz still an deinen Platz.

Achtsamkeitsübung 2 Achtsames Atmen – Einführung

Binja-Bilderbuch S. 15

Anleitung

- Setz dich auf den Stuhl und schiebe dich damit so weit vom Pult weg, dass du ihn nicht berühren kannst.
- Setze dich aufrecht hin. Dein Rücken soll gerade sein wie ein Baumstamm. Der Kopf liegt leicht auf deinen Schultern – wie die Baumkrone auf dem Baumstamm.
- Stelle die Füsse nebeneinander auf den Boden.
  Deine Füsse liegen ruhig auf dem Boden – wie die Wurzeln des Baumes ruhig im Boden verankert sind.
- Lege eine Hand auf deinen Bauch oder deine Brust – du darfst wählen.
- Nun schliesse deine Augen oder schaue vor dir auf den Boden.
- Ich schlage die Klangschale an, und du atmest ruhig ein und aus, bis ich wieder die Klangschale klingen lassen.

Klangschale klingen lassen

Ein – aus.
Ein – aus.
Ein – aus.

- Deine Brust und dein Bauch heben sich beim Einatmen und senken sich beim Ausatmen.

Ein – aus.
Ein – aus.
Ein – aus.

- Öffne langsam wieder die Augen und behalte das achtsame Sitzen bei. Kannst du die Ruhe behalten?

Hinweis:
Der erste Durchgang ist kurz. Er dauert ungefähr 30 Sekunden. Gerade so lange, wie die Kinder ruhig sitzen können. Langsam kann die Stillesequenz verlängert werden.

Achtsamkeitsübung 3
Reise durch den Körper, Variante 1 – Körperwahrnehmung

Ziel

- Die Reise durch den Körper fördert die Körperwahrnehmung.

Hinweis

Diese Achtsamkeitsübung eignet sich für das gesamte Achtsamkeitstraining. Die Übung kann auch liegend durchgeführt werden.

Anleitung

- Setze dich/Lege dich bequem hin.

- Ich lade dich ein, die Augen ganz zu schliessen oder so weit, dass du gerade noch vor dir auf den Boden siehst, aber nicht mehr abgelenkt bist von den vielen Kindern, die hier in diesem Raum sitzen. Deine Hände kannst du ganz bequem auf deinen Beinen liegen lassen.

- Dann legst du eine Hand auf deinen Bauch und atmest sanft ein und aus – und noch einmal ein und aus und noch einmal ein und aus.
  Du spürst, wie dein Atem fein in deine **Nase** einströmt und wieder ausströmt.
  Vielleicht spürst du auch, dass es etwas kalt ist um deine Nase herum. Das kommt von deinem Atem.

- Du amtest noch einmal ein und aus.
  Du spürst, wie sich dein **Bauch** auf und ab bewegt.
  Wie geht es deinem Bauch?
  Du bist ganz aufmerksam und hörst ihm zu.

- Wie geht es heute deinem linken **Bein**? Deinem rechten **Fuss**? Deinem linken Fuss? Und deinem rechten Bein?
  Ist es ruhig in ihnen? Oder bewegen sie sich?

- Wie geht es deinem **Herzen**? Spürst du es schlagen? Ist es ruhig oder bewegt?

- Wie geht es deinen **Armen** und deinen **Händen**? Liegen sie entspannt auf deinen Beinen?
  Oder bewegen sich die **Finger**?

- Und wie geht es den **Schultern**? Wie geht es der linken Schulter? Und der rechten Schulter?
  Hängen sie leicht und entspannt? Oder drückt etwas auf die Schultern?

- Wie geht es deinem **Kopf**? Wie liegt er auf den Schultern?

- Wie geht es dem **Kiefer**?

- Und dem rechten **Auge**? Und dem linken Auge?

- Wie fühlt sich die **Stirn** an?
  Vielleicht kannst du mit dem nächsten Atemzug die Stirn noch etwas entspannen.

- Und wieder gehst du mit deiner Aufmerksamkeit zu deinem **Bauch** und spürst, wie der Atem ihn auf und ab bewegt – ganz leicht und ruhig.

- Vielleicht beachtest du die Pausen nach dem Einatmen und Ausatmen.
- Beobachte ganz neugierig die Auf- und Abbewegungen deines Bauchs.
- Wird es ruhig in dir?
- Atme noch einmal tief ein und aus.
- Du bist jetzt ganz aufmerksam und ruhig, ganz bei dir.
- Geniesse noch einmal, was jetzt gerade ist, und dass du ganz aufmerksam bei dir bist.
- Nimm noch einmal einen tiefen Atemzug, ein und aus.
- Dann öffne ruhig deine Augen und behalte deine Aufmerksamkeit und Stille, auch wenn du die Kinder neben dir siehst.

Achtsamkeitsübung 4
Reise durch den Körper, Variante 2 – Entspannungsübung

Ziel

- Diese Reise durch den Körper fördert die Körperwahrnehmung durch bewusste Anspannung und anschliessende Entspannung einzelner Körperteile.

Hinweis

Diese Entspannungsreise eignet sich für das gesamte Achtsamkeitstraining.
Sie kann im Sitzen oder im Liegen durchgeführt werden.

Anleitung

- Lege dich auf den Rücken oder setze dich aufrecht und entspannt hin und nimm wahr, wie du auf dem Boden aufliegst oder auf dem Stuhl sitzst.
  Schliesse deine Augen.
  Atme sanft ein und aus. Mit dem Ausatmen entspannst du dich.

- Stell dir vor, wie du eine Reise durch deinen Körper machst.

- Geh mit der Aufmerksamkeit zu den Füssen.
  Atme ein und ziehe deine Zehen an.
  Atme aus — deine Füsse sind ganz entspannt, wohlig und warm.

- Nun wandere zu deinen Beinen. Atme ein und spanne deine Muskeln an. Jetzt lass die Anspannung wieder los. Die Beine liegen weich und warm auf dem Boden.

- Jetzt atme ein und spanne deine Pobacken an. Atme wieder aus und lass deinen Po ganz entspannt auf der Unterlage ruhen.

- Jetzt ziehe deinen Bauch ein. Dann atme sanft aus. Der Bauch entspannt sich.
  Er ist weich und warm.

- Drücke deine Wirbelsäule sanft auf den Boden oder an die Stuhllehne.
  Und löse die Anspannung wieder. Dein Rücken ist entspannt und gerade.

- Nun zieh deine Schultern zu deinen Ohren. Dann atme aus, und lass die Schultern wieder los.
  Die Schultern liegen entspannt auf dem Boden auf.

- Nun mache mit den Händen Fäuste und löse sie mit dem nächsten Atemzug wieder.
  Die Hände und die Finger fühlen sich weich und warm an.

- Nun atme ein und mach mit dem ganzen Gesicht eine Grimasse.
  Amte wieder aus. Dein Gesicht ist ganz entspannt.

- Stell dir vor, wie du in eine weiche, warme Wolke gehüllt bist.
  Wie fühlt sich das an?
  Vielleicht hat die Wolke eine Farbe, die dir gerade jetzt guttut. Dann stell dir diese farbige Wolke vor. Sie ist wie ein weiches, warmes Bett.

- Atme nun weitere zwei, drei Mal ruhig ein und aus und geniesse die wohlige Wärme in und um deinen ganzen Körper.

- Öffne langsam wieder die Augen und strecke dich. Nimm dir Zeit und stehe langsam auf, ohne zu sprechen, und gehe in dieser Ruhe an deinen Platz zurück.

Achtsamkeitsübung 5
Reise durch den Körper, Variante 3 – Mit Hilfe einer Fee, einem Zwerg, einem Fabelwesen oder eines anderen, selbst gewählten Wesens reisen die SuS durch ihren Körper

Diese innere Reise ist speziell geeignet für Zyklus 1.

Möglichkeiten zur Vorbereitung

- Die SuS sollen einen Körperumriss gross ins Forscherheft zeichnen.
- Eine weitere Variante ist folgende:
  Ein Kind liegt auf einem grossen Bogen Packpapier. Das andere Kind fährt den Körperumrissen nach. Dann wird gewechselt. So erhalten sie von sich ein lebensgrosses Abbild.
- Teile des Körpers benennen und berühren, vielleicht mit einem improvisierten Körpersong:
  «Da isch de Chopf, und da sind mini Füess.
  Da isch de Buch, und da sind mini Chnü.
  Do isch mis Herz, und da sind mini Händ.
  Da isch min Hals, und do sind mini Ohre.
  Do isch de Po, und ich lach eso!»
- Ruhige Musik kann helfen, die Kinder zusätzlich in einen ruhigen Zustand zu führen.

Anleitung

- Lieg auf den Boden und mach es dir so bequem, dass du eine Weile ruhig liegen kannst.

- Dein Körper ist wie ein Haus.
  Stell dir vor, eine kleine Fee (Zwerg, Fabeltier ...) findet in deinem Zeh eine Tür zu deinem Körper.
  Ganz sanft öffnet das Wesen die Tür und schaut sich verwundert im grossen Zeh um.
  Wie ist es in deinem Zeh? Warm oder kalt? Die Fee hat eine kleine Taschenlampe bei sich. Die zündet sie nun an und wandert durch den Fuss. Wie gross ist er? Wie fühlt sich der Fuss an? Sie wandert bis zum Fussgelenk und turnt daran herum. Beim Knöchel muss sie auf einen kleinen Berg steigen. Spürst du den Knöchel? Nun wandert sie den Unterschenkel hinauf. Wie fühlt es sich da an? Ist es warm oder kalt? Kribbelt es, oder ist es entspannt und ruhig? Vorsichtig klettert sie durch das Knie in den Oberschenkel. Wie ist die Temperatur da?

- Nun interessiert sich die Fee für das andere Bein. Schnell springt sie dem Bein entlang hinab, geht zur Zehentüre hinaus und beim anderen Fuss durch die Zehentür hinein.
  Wieder wandert sie durch den Fuss. Wie fühlt sich der an? Liegt er schräg am Bein, so dass die Fee fast herausfällt? Ist es warm oder kalt?

- Dann kriecht sie in deinen Bauch. Da hat es aber viel Platz!, denkt sie. Ist es da warm? Ist es weich? Schmerzt der Bauch? Oder ist er entspannt? Neugierig schaut sie sich um und geht dann weiter zum Herz. Vielleicht kannst du spüren, wie es schlägt.

- Dann geht sie weiter in die rechte Schulter, den Arm hinunter und untersucht den Ellbogen. Sie läuft den Unterarm hinunter in die rechte Hand. Ist sie warm? Oder kalt? Wie liegt sie auf dem Boden? Sorgfältig untersucht sie den Daumen. Kribbelt es darin? Dann geht sie in den Zeigfinger, den Mittelfinger, den Ringfinger und den kleinen Finger. Sind sie kalt oder warm?

- Nun springt sie geschwind den Arm hinauf, spaziert zur linken Schulter und den linken Arm hinunter in die linke Hand. Wie fühlt es sich da an? Warm oder kalt? Spürst du die Finger? Liegen sie locker auf dem Boden?

- Wieder saust sie den linken Arm hinauf und geht vorsichtig in den Hals. Ist es da weit oder eng? Schlucke einmal den Speichel hinunter. Die Fee spült es fast in den Magen. Aber sie hat es gerade noch in den Mundraum geschafft. Ist die Zunge gross, staunt sie. Ist deine Zunge weich oder hart? Liegt sie entspannt im Mundraum?

- Die Fee spaziert im ganzen Kopf herum: Wie fühlt sich die Stirn an? Liegen die Augen entspannt in ihren Höhlen? Und die Ohren? Sind sie warm? Oder kalt?
  Du kannst dir Zeit lassen und neugierig durch deinen Kopf wandern.

- Nun hat die Fee langsam genug gesehen und gespürt.

- Das war aber eine spannende Reise, denkt die Fee. Doch wie komme ich da wieder heraus?, fragt sie sich.

- Da entdeckt sie deinen Mund, der jetzt gerade gähnt, und — schwupps — ist sie draussen und fliegt zurück ins Feenland.

- Nimm noch einmal wahr, wie du am Boden liegst.

- Nun darfst du deine Beine und Arme strecken.

- Langsam kannst du deine Augen öffnen und gähnen.

- Gehe ganz still an deinen Platz und male die innere Reise in dein Körperbild.

Achtsamkeitsübung 6
Innere Reise: Finde deinen Tierfreund

Binja-Bilderbuch Seite 28–29; 47

Hinweis

Als Vorbereitung für diese Reise lohnt es sich, mit den SuS zu erarbeiten, für was sie einen inneren Freund beanspruchen möchten. Wobei kann er sie unterstützen?

- Lass im Hintergrund eine sanfte Meditationsmusik erklingen. Dies unterstützt den ganzen inneren Prozess.
  Mögliche Musik: – Shamanic Dream, Anugama, 2000
  – Communion, Paul Armitage, New Age

Anleitung

- Schliesse deine Augen und nimm wahr, wie du auf der Unterlage liegst. Nimm einen tiefen Atemzug und lasse alle Anspannungen los.

- Wiederhole das noch zwei Mal.
  Einatmen und tief ausatmen, einatmen, tief ausatmen.

- Nun atme in deinem eigenen Rhythmus weiter.

- Stell dir vor, wie du auf einer blühenden Wiese stehst.
  Du riechst die Blumen, hörst die Insekten summen und die Vögel pfeifen.
  Auf deiner Haut fühlst du die warmen Sonnenstrahlen.

- Da entdeckst du einen kleinen Weg, der einem Bächlein entlangführt.
  Neugierig folgst du dem Weg.
  Er führt dich in einen schönen, grünen Wald.
  Weit vorn siehst du eine Waldlichtung. Da gehst du hin.
  Mitten auf der Waldlichtung hat es einen Baumstamm.
  Du setzt dich hin und geniesst die Stille des Orts.

Zeit lassen, den Ort zu entdecken und zu geniessen.

- Plötzlich kommt aus dem Wald ein Tier auf dich zu.
  Du hast keine Angst.
  Neugierig siehst du ihm entgegen.
  Es läuft auf dich zu und bleibt vor dir stehen.

- Was ist es für ein Tier? Kennst du es?

- Es möchte gern dein Tierfreund sein.
  Vielleicht spricht es mit dir.
  Frage es, wie es dir helfen kann.
  Frage es auch, wie du es rufen kannst, wenn du es brauchst. Vielleicht darfst du es berühren.
  Kannst du sein Fell, seine Haut oder seine Federn spüren? Geniess die Zeit mit deinem Tierfreund.

Etwas Zeit lassen.

- Nun ist es langsam Zeit, wieder Abschied zu nehmen.
  Du weisst jetzt ja, wie du deinen Tierfreund treffen kannst.

- Verabschiede dich von ihm.

- Langsam stehst du auf und gehst den Weg zurück durch den Wald dem Bächlein entlang zurück auf die Wiese.
  Geniesse noch einmal die warmen Sonnenstrahlen.

- Jetzt kannst du ganz langsam deine Füsse und Arme bewegen.
  Du kannst dich etwas strecken, aber so, dass du die anderen Kinder nicht störst.

- Wenn du bereit bist, gehst du ruhig zurück an deinen Platz.
  Hier findest du ein Zeichnungsblatt. Male nun das Tier, das dich auf dieser Reise besucht hat.
  Wenn du magst, kannst du auch ein Wort oder einen Satz aufschreiben, der beschreibt, wie dir das Tier helfen kann.

Achtsamkeitsübung 7
Gedanken erforschen

Binja-Bilderbuch S. 37, Zyklus 2

Hinweis

In der untenstehenden Anleitung werden die SuS während des achtsamen Atmens nicht unterbrochen. Erst nach dem Erklingen der Klangschale erhalten sie die Anweisung, sich an ihre Gedanken und Gefühle zu erinnern und sie zu notieren.

Eine Variante ist, dass die SuS durch das Erklingen der Klangschale im achtsamen Atmen gestoppt werden und sich erinnern, ob und was sie gerade denken, in welchem Gefühlsland sie gerade sind. Dies sollen sie verschriftlichen. Dann wird wieder achtsam geatmet und wieder wird der Prozess mit der Klangschale gestoppt. Wiederum sollen sich die SuS ihrer Gedanken und Gefühle bewusst werden. Dies kann man drei-, viermal hintereinander durchführen.

Vorbereitung

- Den SuS erklären, dass sie nun ihre Gedanken erforschen werden. Im Arbeitsblatt «Meine Gedanken beobachten», siehe Kopiervorlage 12, steht, dass pro Tag ca. 60 000 Gedankenblitze durch unser Gehirn jagen. Nun wollen wir die Qualität dieser Gedanken erforschen.
- Dazu liegt das Arbeitsblatt oder das Forscherheft vor den SuS auf dem Pult und ein Schreibzeug bereit. Nach Abschluss der Achtsamkeitsübung die SuS anleiten, ihre Gedanken zu notieren.

Anleitung

- Setze dich hin wie ein Baum.

- Schliesse deine Augen oder schaue so vor dich, dass du nicht abgelenkt wirst.

- Nun folge achtsam deinem Atem, wie du es gewohnt bist. Spüre, wie der Atem kühl in die Nase einströmt und warm wieder aus der Nase herausfliesst. Vielleicht nimmst du auch wahr, wie sich dein Bauch hebt und senkt.

- Sicher machen sich Gedanken, Gefühle oder Bilder bemerkbar. Nimm sie wahr, kehre aber wieder zurück zu deinem Atem.

Ein – aus. Ein – aus. Ein – aus.

Nach etwa einer Minute erklingt die Klangschale.

- Nun öffne langsam deine Augen und erinnere dich an die Gedanken, die Gefühle oder die Bilder, die während des Atmens aufgetaucht sind. Notiere diese auf dem Blatt/im Heft, das vor dir liegt.
- Wenn du fertig bist, leg das Schreibzeug vor dich hin und warte ruhig, bis wir mit dem Erforschen der Gedanken weiterfahren. Du kannst die Zeit dazu benutzen, weiter deine Gedanken zu beobachten.

Achtsamkeitsübung 8
Gedanken beruhigen

Übung mit der Binja-Traumkugel zur 7. Lerneinheit.

Vorbereitung

- Mit dem Umdrehen der Binja-Traumkugel kann bildlich dargestellt werden, wie es oft in den Köpfen der SuS aussieht, wenn die Gedanken im Kopf herumschwirren.
- Die Lehrperson kommentiert: «So sieht es manchmal in meinem Kopf aus. Vor lauter Gedanken kann ich nicht mehr klar denken und nichts mehr klar sehen. Kennt ihr das auch?»
- Die Binja-Traumkugel kann auch einzelnen SuS, die es gerade brauchen, auf den Pult gestellt werden. Sie erhalten nun Zeit, für sich still zu atmen. Dazu müssen sie aber die Achtsamkeitsübung bereits kennen.

Anleitung

- Setze dich hin wie ein Baum.

- Lege eine Hand auf deinen Ankerpunkt.

- Nun beginne ruhig ein- und auszuatmen und schau dabei auf die Schneeflocken.
  Siehst du, wie sie ganz ruhig und langsam auf den Boden fallen?

Atme ruhig weiter. Ein – aus. Ein – aus.

- Spürst du, wie die Nasenflügel kühl werden, wenn du einatmest und warm, wenn der Luftstrom aus der Nase fliesst?

Ein – aus. Ein – aus.

- Siehst du die Schneeflocken auf den Boden fallen?

- Was machen deine Gedanken?
  Werden sie auch ruhig wie die Schneeflocken? Ziehen die Gedanken auch weiter?

- Die Gedanken gehen nicht weg, genau so wenig, wie die Schneeflocken verschwinden. Aber sie wirbeln nicht mehr wild durcheinander.
  Du kannst jetzt vielleicht auch die Ruhe wahrnehmen.

- Nimm einen tiefen Atemzug und geniesse die Stille in dir.

Achtsamkeitsübung 9
Innere Reise zum Wohlfühlort

Binja-Bilderbuch S. 42–43

Hinweis

Die innere Reise kann gut unterstützt werden durch eine ruhige Meditationsmusik.

Vorbereitung

- Nimm dein Kissen und wähle einen Platz, an dem du für die nächsten fünf bis zehn Minuten ruhig liegen kannst.
- Suche einen Platz, an dem du ganz für dich bist.
- Ich führe dich auf der inneren Reise zu einem besonderen Ort.
- Wenn die Reise fertig ist, schlage ich die Klangschale an und sage dir, was du als Nächstes tun sollst. Doch jetzt geniesse die innere Reise.

Anleitung

Klangschale klingen lassen.

- Atme tief ein und aus.

Ein - aus.
Ein - aus.
Ein - aus.

- Nimm wahr, wie du sicher auf dem Boden liegst. Ist es dir bequem, oder musst du deine Position etwas verändern? Dann hast du jetzt einen Moment Zeit dafür.

Kurze Pause, um zu beobachten, ob alle Kinder ihre angenehme Liegeposition gefunden haben.

Innere Reise

- Du befindest dich auf einer warmen, grünen Sommerwiese. Es ist ein sonniger und warmer Tag. Die Vögel pfeifen, die Bienen summen, und ab und zu fliegt ein Schmetterling von einer Blume zur anderen. In der Luft hängt ein wunderbarer Duft.

- Vor deinem inneren Auge siehst du einen Weg, der einem Bächlein entlangführt. Du hörst das Bächlein rauschen.

- Neugierig gehst du dem Weg neben dem Bächlein entlang. In der Ferne siehst du eine regenbogenfarbige kleine Holzbrücke, die über das Bächlein führt. Du bist neugierig. So eine Brücke hast du noch nie gesehen. Wo die wohl hinführt?

- Du überquerst die Brücke. Dahinter führt dich ein Weg zu einem besonderen Ort. Es ist, als wärst du bereits einmal hier gewesen. Er kommt dir vertraut vor. Vielleicht kennst du den Ort wirklich, und vielleicht ist er neu und doch vertraut.

- Schau dich einmal genau um.
  Wo bist du? Wie sieht es hier aus? Siehst du ein Haus? Wie sieht es aus? Ist es ein Schloss oder ein kleines Haus? Oder ist es ein Platz in der Natur? Liegt er am Meer oder im Wald oder auf einer Wiese?

- Lass dir Zeit, bis der Ort ganz klar vor deinem inneren Auge auftaucht und du weisst, wo du dich befindest.

- Wenn er da ist, dann schaue ihn dir genau an.

- Du darfst dir diesen wunderbaren Platz sogar noch schöner gestalten. Was für Farben kannst du sehen? Wie riecht es da? Süss? Erinnert dich der Duft an etwas Angenehmes? Was kannst du hören? Was für einen Klang hat dein Wohlfühlort?

- Jetzt such dir an diesem Ort einen Platz aus, an dem du dich gemütlich hinsetzen oder hinlegen kannst – gerade das, was für dich im Moment am angenehmsten ist. Du kannst auch verschiedene Stellen, an denen du dich bequem niederlassen möchtest, ausprobieren.

Den Kindern etwas Zeit lassen, ihren Platz am Wohlfühlort zu finden.

- Nun weisst du, wohin du dich setzen oder legen möchtest.

- Du fühlst, wie du dich an diesem Ort entspannen kannst.

- Geniesse diesen Moment.

Den Kindern einige Sekunden Zeit lassen, um anzukommen und zu geniessen.

- Wo in deinem Körper kannst du das wohlige Gefühl wahrnehmen? Im Herzen?

- Geniesse diesen Wohlfühlort.

- Jetzt kennst du ihn genau. Hierhin kannst du immer wieder in deiner Fantasie reisen und dich wohlfühlen. Dieser Ort ist immer da.

- Atme tief ein und aus.

Ein – aus.
Ein – aus.

- Nun ist es langsam Zeit, dass du wieder gehst.
  Verabschiede dich in deinem Tempo von deinem Wohlfühlort und gehe den Weg zurück über die Regenbogenbrücke, dem Bächlein entlang zurück ins Schulzimmer.

Musik leiser werden lassen.

- Nimm einen letzten tiefen Atemzug.

- Wenn du die Klangschale hörst, streckst du dich, öffnest deine Augen und stehst langsam auf.

- Gehe ruhig an deinen Platz und male deinen Wohlfühlort auf das Blatt/ ins Forscherheft, das an deinem Arbeitsplatz liegt.
  Ich lasse dazu noch einmal Musik laufen.

Achtsamkeitsübung 10
Lichtmeditation: Gute Gedanken und Gefühle senden

Ziel
- Diese Achtsamkeitsübung schult die Aufmerksamkeitsdauer.
- Sie fördert das Bewusstsein, dass jedes Kind eine besondere Ausstrahlung besitzt, ein Licht ist.
- Sie fördert das Bewusstsein, dass Menschen, Tiere und Pflanzen mit guten Gedanken und Gefühlen eingehüllt werden können. Wenn sie offen sind, kann diese Energie heilsam sein.

Vorbereitung
- Jedes Schulkind benötigt eine kleine Kerze oder eine grosse Kerze steht in der Mitte des Schülerinnen- und Schülerkreises.
  Während der Adventszeit kann diese Achtsamkeitsübung vor der brennenden Adventskranzkerze durchgeführt werden.

Anleitung
- Setz dich vor die brennende Kerze und schau in die Flamme. Kannst du den hellen Schein um die Flamme sehen?

- Schliesse langsam deine Augen.
  Siehst du nun die Flamme vor deinem inneren Auge?

- Wenn nicht, öffne die Augen und beobachte die Flamme von Neuem.

- Nun wiederhole den Vorgang.

- Stell dir nun vor, wie dieses Licht in deinem Kopf scheint. Es ist warm und hüllt dein Gehirn in ein warmes, helles Licht.

- Deine Stirn entspannt sich.

- Das Licht wandert hinter deine Augen. Sie entspannen sich sanft. Das Licht wärmt deine Ohren – auch sie entspannen sich.

- Das Licht fliesst wie Honig in deinen Mundraum und füllt diesen aus. Jetzt füllt das Licht den ganzen Kopf aus. Er leuchtet golden und warm. Die Gedanken sind ruhig.

- Nun fliesst das Licht durch den Hals in deinen Herzraum und füllt ihn mit einem warmen und hellen Licht aus. Spürst du, wie es warm wird? Es ist, wie wenn eine Sonne in deinem Herzen scheinen würde. Sie füllt den ganzen Brustraum aus und fliesst langsam über deine Schultern, Oberarme und Unterarme in deine Hände.

- Stelle dir vor, du hältst in jeder Hand eine goldene Lichtkugel.
  Sie ist weich und warm und erinnert dich daran, was du mit deinen Händen alles machen kannst. Liebevolle, schöne Sachen.

- Nun breitet sich das Licht auch im Bauchraum aus und fliesst weiter durch deine Beine in die Füsse. Die Füsse entspannen sich in diesem warmen Licht. Sie erinnern sich, dass sie jeden Schritt mit Achtsamkeit und Liebe gehen möchten – zu Orten, wo es dir gut geht.

- Nun stellst du dir vor, wie sich dein ganzer Körper ausfüllt mit diesem hellen, warmen Licht. Er fühlt sich leicht und wohlig warm an.
  Geniesse dieses Licht.

- Nun stell dir vor, wie dieses Licht aus deinem Herzen heraus zu deinen Eltern, deinen Geschwistern, deiner Freundin oder deinem Freund fliesst.
  Auch diese Personen werden eingehüllt von dem warmen Licht.
  Du siehst, wie ein Lächeln auf ihrem Gesicht erscheint, so sehr geniessen sie dieses Licht. Kannst du ihre Freude in deinem Körper wahrnehmen?

- Nun kannst du das Licht auch an Personen schicken, von denen du denkst, es würde ihnen guttun, wenn sie sich freuen könnten oder wenn sie von dem warmen, hellen Licht eingehüllt werden.
  Zaubert es auch bei ihnen ein Lächeln aufs Gesicht?

- Du kannst das Licht auch an Tiere und Pflanzen schicken. Auch sie geniessen die Wärme.

- Und weiter kannst du das Licht über das ganze Quartier und die ganze Stadt schicken.
  Möge es allen viel Freude und Wärme schenken.

- Du kannst das Licht sogar in andere Länder schicken, die ganze Welt einhüllen. Das ist schön! Alle Menschen werden in dem warmen Licht gebadet!

- Das Licht darf sich ausbreiten bis in den Himmel und zu den Sternen und zu fremden Planeten.
  Spürst du die Freude im Universum? Nichts kann das Licht aufhalten. Es wird immer heller und wärmer.

Den Kindern etwas Zeit lassen, nachzuspüren und zu geniessen.

- Und nun konzentrierst du dich wieder auf das Licht in deinem Herzen. Geniesse die Wärme und die stille Freude in dir.

- Ganz langsam öffnest du die Augen und siehst wieder die Flamme vor dir.

- Kannst du die Ruhe in dir noch spüren, auch jetzt, wo die Augen geöffnet sind? Nimm diesen Frieden, die Wärme und das Licht mit in den heutigen Tag.

Achtsamkeitsübung 11
Genaues beobachten

Zusätzliche Achtsamkeitsübung – wird in den Lerneinheiten nicht spezifisch erwähnt

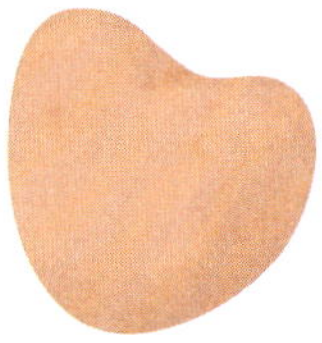

Ziel

- Diese Achtsamkeitsübung schult die Aufmerksamkeitsdauer, die Beobachtungsfähigkeit und die Konzentrationsfähigkeit.

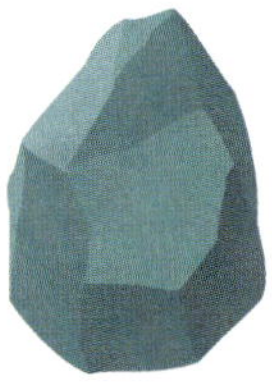

Hinweis

Diese Achtsamkeitsübung kann während des ganzen Trainings durchgeführt werden.
Je nach Jahreszeit oder Idee liegt ein bestimmter Gegenstand vor den SuS oder in der Mitte des Kreises.
Ideen: Blume, Stein, Feder, Kerze ...

Anleitung

- Vor dir siehst du ...

- Betrachte sie genau. Wie gross ist sie? Mit was würdest du die Grösse vergleichen?
  Welche Farbe hat der Gegenstand? Was für eine Form hat er? Ist er eckig, spitz oder rund? Ist es eine schwer zu beschreibende Form?
  Wofür kann man den Gegenstand benutzen?
  Schau den Gegenstand an, als würdest du ihn zum ersten Mal sehen.

- Nun schliess deine Augen.

- Kannst du den Gegenstand vor deinem inneren Auge sehen?

- Wenn nicht, darfst du die Augen noch einmal kurz öffnen.

- Und wieder schliessen. Siehst du den Gegenstand jetzt?

Den Gegenstand während der Stillezeit wegnehmen, so dass die SuS ihn nach dem Öffnen der Augen nicht mehr sehen können.

- Wenn du die Klangschale hörst, öffnest du die Augen und malst den Gegenstand auf das vor dir liegende Blatt/ins Forscherheft so, wie du ihn vor deinem inneren Auge gesehen hast.

Anschliessend den gemalten Gegenstand mit dem Original vergleichen.

Achtsamkeitsübung 12
Achtsam essen

Klassische Achtsamkeitsübung von Jon Kabat-Zinn und Thich Nhat Hanh.
Zusätzliche Achtsamkeitsübung – wird in den Lerneinheiten nicht spezifisch erwähnt

Ziel

- Diese Achtsamkeitsübung macht den Kindern bewusst, dass wir in allem, was wir tun, achtsam sein können.
- Diese Übung fördert die Dankbarkeit für die Nahrungsmittel, die uns zur Verfügung stehen.

Vorbereitung

- Jedes Kind erhält eine Rosine in die Hand mit dem Auftrag, diese nicht gleich zu essen. Sie dient zuerst der gründlichen Erforschung.

Anleitung

- Stelle dir vor, du seist ein Wissenschaftler auf einem fremden Planeten auf der Suche nach etwas zu essen. Du entdeckst die Rosine, etwas vollkommen Neues für dich und erkundest sie neugierig mit den «Werkzeugen», die dir zur Verfügung stehen: deinen fünf Sinnen.

- Zunächst untersuchst du den Gegenstand aufmerksam äusserlich.

- Beginne mit deinen **Augen**. Was siehst du? Welche Form und Oberfläche hat der Gegenstand? Welche Farbe(n) hat er? Sieht er appetitlich aus?

- Dann nutzt du deine **Nase**. Wie riecht der Gegenstand? Riechst du verschiedene Düfte? Ist der Geruch appetitlich?

- Nutze nun deine **Finger**, um den Gegenstand zu fühlen. Wie fühlt er sich an? Ist er weich oder hart? Gibt er nach, wenn du ihn drückst?

- Dann halte den Gegenstand an dein **Ohr**. Hörst du etwas? Hörst du vielleicht etwas, wenn du den Gegenstand drückst?

- Nun ist der Moment gekommen, den Gegenstand in den **Mund** zu nehmen. Aber Achtung, ganz langsam und nicht gleich kauen.

- Lege den Gegenstand auf deine Zunge, schliesse den Mund. Wie fühlt sich der Gegenstand auf der Zunge an? Anders als bei der Erkundung mit den Fingern? Schmeckst du schon etwas? Nimm einen bewussten ersten Biss. Aber schlucke die Rosine noch nicht hinunter. Wir wollen sie noch weiter untersuchen.

- Was verändert sich am Geschmack? An der Konsistenz? Am Gefühl? Bewege den Gegenstand mit deiner Zunge im Mund hin und her, um ihn in seiner Gänze zu schmecken. Kaue weiter und achte dabei bewusst und aufmerksam auf Geschmack und Konsistenz. Verändern sie sich?

- Nun darfst du die Rosine schlucken. Wie fühlt sich das an? Welcher Geschmack und welches Gefühl bleiben im Mund? Wie lange?

- Und zum Schluss: Magst du Rosinen? Kannst du als Wissenschaftler anderen Mitmenschen Rosinen zum Essen empfehlen? Wie würdest du sie beschreiben?

Notizen

Literaturverzeichnis

Vorwort

- Bilderbuch: «Binja – achtsame Reise durch die Welt der Gefühle», Ruth Monstein, 2018, edition punktuell
- Lehrplan 21, SG, 2015/2017, St. Gallen, Bildungsdepartement Kanton St. Gallen, S. 30, S. 31
- Lehrplan 21, SG, 2015/2017, St. Gallen, Bildungsdepartement Kanton St. Gallen, S. 63
- Lehrplan 21, SG, 2015/2017, St. Gallen, Bildungsdepartement Kanton St. Gallen, S. 66, 67
- «Sei liebevoll umarmt, achtsam leben jeden Tag, Ein Begleiter für alle Wochen des Jahres», Thich Nhat Hanh, 2007, Kösel-Verlag, München
- «Das denkende Herz. Die Tagebücher von Etty Hillesum», J.G. Gaarlandt, Hrsg. 1985, Rowohlt Taschenbuch

Lerneinheiten

1. Lerneinheit

- Binja-Lieder: sieben Lieder zu den einzelnen Gefühlsländern und ein Atemsong, Denise Lier, 2018, www.binja.ch

4. Lerneinheit

- «Verwundete Kinderseelen heilen», Peter Levine, 2014, Kösel Verlag

5. Lerneinheit

- «Handbuch der Interpersonellen Neurobiologie», Daniel J. Siegel, 2015, arbor Verlag
- «Mindsight», Daniel J. Siegel, 2012, S. 42–74, Goldmann Verlag
- «Achtsame Kommunikation mit Kindern» Daniel J. Siegel & Tina Payne Bryson, 2013, S. 88, arbor Verlag

6. Lerneinheit

- «Jin Shin Jyutsu — Das Powerprogramm für Kinder und Jugendliche», Tina Stümpfig-Rüdisser, 2011, Verlag Via Nova
- «Jin Shin Jyutsu, Die Kunst der Selbstheilung durch Auflegen der Hände», Waltraud Riegger-Krause, 2009, SüdWest-Verlag

7. Lerneinheit

- «Die Antwort des Wassers», Band 1 & 2, Masaru Emoto, 2004, KOHA Verlag

8. Lerneinheit

- «Das kleine Ich bin ich», Mira Lobe, 1972, Jungbrunnenverlag
- «Der Regenbogenfisch», Marcus Pfister, 1992, Nord Süd Verlag
- «Der Regenbogenfisch – komm hilf mir», Marcus Pfister, 2001, Nord Süd Verlag

Anhang

- Anhang 4: «Mindsight», Daniel J. Siegel, 2012, Goldmann
- Anhang 6: «Achtsame Kommunikation mit Kindern», Daniel J. Siegel & Tina Payne Bryson, 2013, arbor Verlag
- Anhang 9: Jin Shin Jyutsu «Jin Shin Jyutsu – Die Kunst der Selbstheilung durch Auflegen der Hände», Waltraud Riegger-Krause, 2009, Südwest Verlag